이만큼
가까운

일본

이만큼
가까운

≫

일본

강태웅 지음

창비

　　　　　　지구가 갈수록 작아지고 있습니다. 당연히 지구의 크기는 예나 지금이나 그대로지만 멀게만 느껴지던 이국 땅이 갈수록 가깝게 느껴집니다. 흔히 말하는 지구화 시대, 세계화 시대입니다. 이런 흐름은 앞으로 더욱 빠르게 진행될 것이고, 인류사에 유례가 없이 사람들은 서로 가까이 오가며 지내게 될 것입니다. 그 과정에서 문화도 섞이게 되겠지요.

　흔히 이런 지구화 시대에는 외국어를 할 수 있는 능력이 중요하다고 말하지만, 외국어보다 중요한 것이 다문화 감수성입니다. 문화의 소통이 빠진 언어의 소통은 진정한 소통이 아닙니다. 자기 문화를 기준으로 다른 문화를 바라보거나 오해와 편견으로 평가하지 않는 것, 다른 문화를 다른 그대로 이해하고 존중하는 것은 다문화 감수성의 출발이자 진정한 문화적 소통의 길입니다.

　다문화 감수성은 해외여행을 자주 하거나 세계를 무대로 활동할 사람에게나 필요한 것이라고 생각할지 모르겠습니다. 다문화 감수성은 우리가 세계인으로 살아가는 데 필요한 문화적 여권이기도 하지만, 세계화 시대에 한국인으로 살기 위해 필요한 문화적 주민 등록증이기도 합니다.

　앞으로 많은 외국인이 들어와서 우리나라 국민이 될 것이고, 그런 가운데 한국은 과거에는 상상도 못 했을 정도로 빠르게 다

인종·다문화 사회로 바뀌게 될 것입니다. 우리는 한국인이자 세계인이라는 다층의 정체성을 갖고서, 내 나라만이 아니라 이 지구를 더 평화롭고 자유롭고 정의로운 곳으로 만들어 가야 합니다. 인종과 종교, 역사와 체제가 다르더라도 서로 존중하면서, 차별하거나 억압하지 않는 아름다운 곳으로 만들어 가야 합니다.

창비가 세계화 시대를 살아갈 동시대의 사람들, 그리고 특히 미래 세대를 위해 이 시리즈를 만든 뜻이 여기에 있습니다. 오랫동안 세계 각국의 정치, 역사, 문화, 문학 등을 연구해 온, 우리나라를 대표하는 저명 학자들이 이 시리즈 집필에 기꺼이 동참한 것도 많은 이들이 그러한 꿈을 꿀 수 있도록 응원하기 위해서입니다.

이 시리즈에는 역사와 정치, 경제부터 문화와 생활에 이르기까지 한 국가와 사람을 이해하는 데 가장 핵심적인 내용을 담았습니다. 세계 각국을 다룬 다른 책과 차별되는 깊이를 추구하면서도 다양한 독자층이 이해하기 쉽도록 눈높이를 맞추었습니다. 이 시리즈가 세계와 더 넓고 깊게 소통하기 위한 의미 있는 디딤돌이 되기를 기대합니다.

저자 일동

　　　　　일본에 대한 뉴스가 우리나라에 보도되지 않
는 날이 있을까요? 일본 관련 뉴스는 거의 하루도 거르지 않는
것 같습니다. 지진이나 화산 같은 자연재해부터 일본 정치가들의
발언, 일본 사람들의 급여나 실업률 같은 경제 이야기, 일본의 먹
을거리에 대한 정보, 그리고 한류 소식에 이르기까지 다양한 분
야의 뉴스가 우리에게 매일 전해지지요. 그 까닭은 우리와 일본
사이에 비교할 점이 많기 때문일 것입니다. 두 나라는 동아시아
문화권에 속하면서 서로 오랫동안 교류를 해 왔기에 공유하는 문
화가 상당합니다. 일본에 대한 우리의 관심도 클 수밖에 없지요.
하지만 감정이 앞선 편견을 갖고 있거나, 별로 알 것 없는 나라라
고 무시하기도 해서 객관적 이해가 부족한 경우가 많습니다. 『이
만큼 가까운 일본』은 일본에 대한 우리의 관심을 보다 폭넓고 깊
은 이해로 끌어올리기 위해서 쓰였습니다.

　이 책에서는 역사와 지리부터 시작하여, 정치 · 경제 · 사회, 예
술 · 문화, 생활 풍습 그리고 한일 관계에 이르기까지 다양한 각
도에서 일본을 바라보려고 했습니다. 그렇다고 일본에 대한 가지
가지 정보를 단순히 나열하지는 않았습니다. 그보다는 일본에 궁
금해할 만한 점들을 떠올려 보고 그 의문을 해소할 수 있도록 글
을 써 나갔습니다. 그 과정에서 제가 공부하면서 궁금했던 점과

일본에서 유학하며 느꼈던 점을 참고했습니다. 그에 더해 10여 년간 대학에서 가르치면서 학생들과 나눈 대화에서도 많은 아이디어를 얻었습니다. 이렇게 얻은 일상적인 질문에서 출발하여, 일본을 전체적으로 조망하는 데 이를 수 있도록 집필했습니다. 그리고 전문 용어를 되도록 사용하지 않고 읽기 쉽게 풀어 썼습니다.

일본이라면 아예 고개를 돌려 버린 채 알려고 하지 않는 사람도 있습니다. 더 나아가 일본과 교류를 전부 끊어 버려야 한다고 극단적으로 말하는 사람도 있지요. 일본에 대해 알려고 하는 것 자체가 일본을 두둔하거나 긍정해 버리는 행위라고 간주하는 사람도 있고요. 그런데 역사를 되돌아보면 우리나라의 평화와 발전은 일본과 사이가 어땠느냐에 좌우될 때가 많았습니다. 우리가 일본을 외면하며 눈과 귀를 닫았을 때, 그들로 인하여 우리와 동아시아의 평화가 깨질 때가 있었기 때문입니다. 평화 외에도 일본을 알아야 하는 이유는 더 있습니다. 한 나라의 문화는 교류를 통해 발전합니다. 공유하는 문화가 가장 많으면서도 세세한 곳이 다른 일본과의 교류는 우리 것이 무엇인지를 명확히 해 주고, 그럼으로써 우리 것을 더욱 발전시킬 수 있는 계기를 만들어 줄 것입니다. 일본을 이해하는 것은 우리의 미래와 직결된다고 할 수

있죠. 이 책이 일본을 제대로 알아 가는 과정에 하나의 디딤돌이
되길 바랍니다.

일본에 대해 글을 쓰기란 쉽지 않았습니다. 한일 간에 민감한
문제가 많기에 객관성을 잃지 않으려고 많은 노력을 기울여야 했
습니다. 이 책이 나올 수 있도록 수고해 준 창비 출판사 여러분들
께 고마움을 전합니다. 그리고 사랑하는 제 가족에게 이 책을 바
칩니다.

2016년 7월

강태웅

동중국해

오키나와 제도

47

나하

동해

다오위다오

류　큐　제　도

필리핀 해

C

5

아키타

6

야마가타

니가타

후

7

15

16

도야마

나가노

우쓰노미야

9

가나자와

마에바시

10

우라와

8

17

21

20

11

도쿄

★

마

후쿠이

18

고후

19

13

12

지바

14

요코하마

마쓰에

돗토리

31

25

기후

쓰시마 섬

32

33

28

26

나고야

22

시즈오카

오카야마

고베

교토

오쓰

야마구치

34

35

오사카

27

나라

쓰

23

히로시마

다카마쓰

29

24

후쿠오카

37

36

도쿠시마

와카야마

41

40

마쓰야마

44

고치

30

사가

42

오이타

38

39

나가사키

구마모토

43

45

시코쿠

필리핀해

오가사와라 제도

동중국해

46

미야자키

규슈

가고시마

홋카이도

태평양

차례

03

정치 · 경제 · 사회

닮은 듯
다른 이웃 나라

04

생활 · 문화

일본인은
무엇을 보고 먹고 즐길까

한일 관계

눈과 귀를
닫아서는 안 되는 이유

동아시아 섬나라가

*01 »

세계 3위 경제 대국으로

고대

문화와 국가의 성립

조몬 문화와
야요이 문화

　　　　오늘날 일본은 사방이 바다로 둘러싸인 섬나라이지만, 빙하기 때에는 남해가 얼어붙어서 한반도에서 일본으로 걸어서 이동할 수 있었습니다. 지금으로부터 1만 2000년 전, 그러니까 기원전 1만 년 무렵에는 빙하기가 끝나고 일본은 섬나라가 되었지요. 대륙과 연결이 끊어지면서 일본에서는 고유한 문화가 만들어집니다. 기원전 1만 년부터 기원전 3세기까지를 '조몬繩文 시대'라고 부릅니다. 조몬이라는 말은 당시 만들어진 토기 표면의 무늬에서 비롯했습니다. 조몬을 우리말로 풀어 쓰면 '새끼줄 모양의 무늬'입니다. 토기를 굽기 전에 표면을 새끼줄로 밀어서 줄무늬를 새긴 것이지요. 1만 년 가까운 시간을 조몬 시대라고 통틀어 부르기 때문에 초기와 후기를 비교하면 차이점이 많습니다. 토기만 해도 초기에는 단순했지만 후기에는 불꽃과 같은 복잡한 모양으로 만들어졌고, 초기에는 띄엄띄엄 발견되던 유물과 유적도 후기로 갈수록 한곳에 집단을 이룬 형태로 발견됩니다.

기원전 3세기 무렵에는 '야요이彌生 시대'가 시작됩니다. 아래로 갈수록 점점 좁아지는 조몬 토기와 달리, 이 시대에는 입구보다 배가 부른 항아리 모양의 토기가 만들어졌습니다. 야요이라는 명칭은 그러한 토기가 최초로 발견된 도쿄대학 근처의 동네 이름에서 따온 것입니다. 야요이 시대에는 논농사를 짓기 시작했고, 석기뿐 아니라 청동기와 철기도 사용되었지요. 이러한 변화는 급격히 이루어졌습니다. 이는 야요이 문화가 자생적으로 출현한 것이 아니라, 한반도나 중국에서 건너온 사람들의 영향을 받았다는 사실을 알려 줍니다.

고분 시대와
아스카 문화

야요이 시대는 기원후 3세기에 끝이 납니다. 그렇게 보는 이유는 『삼국지』에 당시 일본에 있었던 30여 개의 작은 나라들에 대한 이야기가 나오기 때문이죠. 작은 나라들은 히미코라는 여왕이 통치하는 야마타이邪馬臺 국을 중심으로 연합했는데, 히미코는 위나라에 조공을 바치고 왜왕倭王에 봉해졌습니다. 『삼국지』를 통해 부족 단위였던 야요이 시대와는 달리, 바다 건너 중국에 조공을 할 정도의 세력이 일본에 성립했음을 알 수 있지요. 여기서 『삼국지』는 훗날 나관중이 쓴 소설 『삼국지연의』가 아니라, 위·촉·오 삼국을 통일한 진나라가 그 이전 왕조의 역사를 남기기 위해 편찬한 국가 공인 역사서를 가리킵니다.

3세기 후반부터는 '고분 시대'가 시작되며, 일본 전역에 주로 전방후원형前方後圓形 고분이 조성되었습니다. 전방후원형이란 앞쪽前은 사각형方에 뒤쪽後은 원형圓이라는 뜻으로, 위에서 내려다보면 무덤이 마치 열쇠 구멍처럼 생겼습니다. 이러한 고분은 4세기 후반부터 매우 거대해집니다. 가장 큰 고분으로 알려진 다이센大仙 고분은 길이가 486미터이고, 해자°를 합한 전체 규모는 840미터에 이르지요. 고분은 6세기 중엽 이후 작아지다가 7세기 들어서는 거의 사라집니다. 고분 시대가 끝난 이유는 화장을 장려하는 불교가 전래되었기 때문으로 추측됩니다.

큰 고분이 만들어졌다는 것은 일본에 그만한 힘을 지닌 권력자가 존재했음을 말합니다. 그리고 비슷한 고분이 일본 전역에서 발견된다는 것은 같은 문화를 공유하는 사람들이 널리 퍼져 있었다는 사실을 뜻하지요. 그래서 학자들은 고분 시대에 작은 나라들

오사카 부 사카이 시에 있는 다이센 고분. 고분 시대에 만들어진 가장 큰 왕릉이며 닌토쿠 천황이 매장되었다고 전해진다.

을 통일한 야마토大和 왕조가 성립되었다고 추정합니다.

6세기 중엽 야마토 왕조는 백제로부터 들어온 불교를 받아들이고, 이를 토대로 아스카飛鳥 문화를 이룩해 냅니다. 불교를 바탕으로 한 아스카 문화의 예술품에서는 한반도 및 중국과 활발하게 교류했던 흔적을 찾을 수 있지요. 아스카 문화를 대표하는 건축물로 호류지法隆寺가 있습니다. 호류지는 현존하는 세계에서 가장 오래된 목조 건축물인데, 이 절의 금당 벽화를 고구려 승려 담징이 그렸다고 전해지지요. 그리고 조각 중에서 처음 일본 국보로 지정된 고류지廣隆寺의 목조 미륵보살 반가 사유상도 아스카 시대에 만들어졌습니다. 이 불상은 우리나라의 국보 83호 금동 미륵보살 반가 사유상과 매우 닮은 것으로 유명합니다.

백촌강 전투와
나라 시대

야마토 왕조는 천황가를 포함한 여러 힘 있는 호족들이 통치했습니다. 6세기 중엽에는 불교 도입을 둘러싼 다툼 끝에 소가蘇我씨 일족이 다른 세력을 누르고 권력을 독차지합니다. 소가씨의 후원 덕에 불교가 일본에 자리 잡을 수 있었지요. 소가씨는 천황가와 사돈 관계를 맺고 4대에 걸쳐 국정을 장악합니다. 소가씨 일족을 물리친 세력이 천황 중심의 통치를 확립하기 위해 실행한 개혁이 646년에 실시된 다이카 개신大化改新입니다. 개신 세력은 당나라의 제도를 받아들여 관료제를 정비하고, 일본 최초로 '다이카'라는 연호*를 제정합니다. 그리고 일본의 모든 땅은 원래 천황의 소유이고, 이를 호족들에게 나누어 준 것이라는 이상적인 토지 개념을 만들어 냈지요.

660년 백제가 신라와 당나라 연합군에 의해 멸망하자, 야마토 왕조는 군사를 한반도로 보내서 백제 부흥군과 합류합니다. 신라와 당나라 연합군, 그리고 백제 부흥군과 야마토 연합군은 백

● 아시아의 군주 국가에서 한 군주가 다스리는 동안 해에 붙이는 이름. 군주에 따라 연호도 바뀌며 현재 천황인 아키히토는 '헤이세이'를 연호로 쓰고 있다.

촌강白村江에서 대격돌합니다. 백촌강은 지금의 금강으로 추정되지요. 백촌강 전투는 예전에는 그다지 주목받지 못하던 사건입니다. 백제가 멸망한 뒤에 일어난 전투라서 그다지 중요하지 않다고 생각되었기 때문이죠. 하지만 최근 들어 한국·중국·일본 등 삼국의 관계에 초점을 맞추는 동아시아적 시점이 중시되면서, 역사상 처음 한·중·일이 싸운 백촌강 전투가 매우 의미 있는 사건으로 재조명되고 있습니다.

백촌강 전투에서 패한 야마토 왕조는 신라와 당나라 연합군이 바다를 건너 일본으로 쳐들어올 가능성에 대비합니다. 규슈 북쪽에 한반도에서 흔히 볼 수 있는 산성을 쌓는 한편, 호적을 정리하고 율령을 반포하는 등 국가 체제를 정비하지요. 국외에서 위기가 닥쳐오자, 중국에 대한 대항 의식도 커졌습니다. 이 시기에 국호를 '일본'으로 정하고, 왕을 대신하여 '천황'이라는 용어를 쓰기 시작합니다.

야마토 왕조는 8세기 들어 당나라 수도 장안을 모방해서 건설한 헤이조쿄平城京로 수도를 옮깁니다. 그 이전에는 각 천황마다 주거지를 이동했기에 수도라 할 만한 곳이 없었지요. 수도를 헤이조쿄로 옮긴 뒤 80여 년간을 헤이조 시대 또는 그곳의 지명을 따서 나라奈良 시대라고 부릅니다. 당나라 군대가 한반도에서 대부분 돌아가 공격받을 위험에서 벗어나자, 일본은 견당사遣唐使라는 사신단을 보내어 우호적인 관계를 맺고 중국 문물을 받아들입니다. 이러한 평화를 바탕으로 불교문화가 발달했고, 처음으로 전국에서 쓰이는 화폐도 만들어졌지요.

오늘날 사슴이 뛰어노는 공원으로 유명한 도다이지東大寺가 이 시대에 건설됐습니다. 도다이지를 위해 높이 16미터에 달하는 불상이 제작되었지만, 내란을 겪으며 수차례 부서져서 현재 볼 수 있는 불상은 17세기에 복원된 것입니다. 불상이 모셔진 도다이지 대불전은 현존하는 세계에서 가장 큰 목조 건물로 유명합니다. 또한 도다이지의 창고인 쇼소인正倉院에는 이 시대의 유물들이 지금까지 그대로 간직되어 있습니다. 우리나라에 없는 신라 시대 문서가 이곳에서 발견되기도 했지요.

헤이안 시대,
그리고 섭관과 원정

794년, 일본은 수도를 헤이안쿄平安京로 옮깁니다. 헤이안쿄는 오늘날의 교토京都입니다. 교토는 이때부터 19세기 중엽 메이지 유신까지 1,000년 이상 일본의 중심 도시 역할을 합니다. 8세기 말부터 12세기 말까지를 수도 이름을 따서 헤이안 시대라고 부릅니다. 헤이안 시대에는 귀족 문화가 발달했습니다. 일본어 문자인 히라가나가 만들어져 궁정 여성들이 이를 이용한 문학 작품을 남겼지요. 세이 쇼나곤의 『마쿠라노소시枕草子』는 일기 형식으로 계절에 따른 자연 변화와 궁정 생활의 이모저모를

일본의 국보인 「조주기가」의 일부. 여러 동물을 익살스럽게 표현했으며
현대 만화와 비슷한 점도 눈에 띈다.

섬세히 묘사하여 일본 수필 문학의 시초라고 일컬어집니다. 그리
고 겐지라는 왕자와 여러 여성의 사랑 이야기를 그린 무라사키
시키부의 장편소설『겐지모노가타리源氏物語』도 이 시기에 쓰였지
요. 한편 두루마리 그림인 에마키繪卷가 유행하여『겐지모노가타
리』의 내용을 묘사한 그림을 비롯해「조주기가鳥獸戲畵」처럼 개구
리, 토끼, 여우를 의인화하여 표현한 작품도 나왔습니다. 「조주
기가」에는 토끼와 개구리가 씨름을 하는 등 익살스러운 장면들
이 그려져 있는데, 스님 옷을 입고 불경을 외우는 원숭이 입에 대
사를 적어 넣는 말풍선이 있는 것은 지금의 만화와 유사합니다.

또한 에마키는 두루마리를 손으로 말아서 감상했기에, 움직이는 그림이라는 점에서 애니메이션과도 비교되지요.

앞서 말했듯이 다이카 개신으로 일본의 땅은 모두 천황에 귀속된다는 원칙이 세워집니다. 다만 이러한 원칙은 원칙에 불과했을 뿐, 개간한 땅에 대해서는 소유권을 인정해 줬습니다. 그 결과 '장원莊園'이라 불리는 넓은 토지를 소유한 사람들이 등장합니다. 이들은 세금을 면제받기 위하여 힘 있는 중앙 귀족, 그리고 절이나 신사에 형식상 땅을 바쳤습니다. 사유지인 장원은 늘어나는데도 세금은 줄어드는 상황을 타파하기 위하여 천황이 때때로 장원

정리령을 내렸지만 그다지 효과가 없었지요. 그 이유 중 하나는 천황의 외척인 후지와라藤原씨의 존재였습니다.

후지와라씨는 천황가를 도와 다이카 개신을 이룬 일족입니다. 9세기 중엽 이들은 천황가와 사돈을 맺고는 섭정攝政과 관백關白의 자리를 계속 차지했습니다. 섭정은 천황이 어릴 때 정무를 대신하는 자리이고, 관백은 성인이 된 천황을 보좌하는 역할입니다. 후지와라씨는 섭정과 관백의 지위를 이용하여 권력을 휘둘렀는데, 이를 섭관 정치라 부릅니다. 장원의 정점에 후지와라씨가 있었기 때문에 장원을 줄이려는 천황의 시도는 효과를 발휘할 수 없었지요.

10세기 초반 후지와라씨는 후사가 끊긴 탓에 천황가와 사돈을 맺는 데 실패합니다. 섭관 정치로부터 자유로워진 천황가는 원정院政 제도를 만들어 냅니다. 이는 천황이 어린 아들에게 일찌감치 자리를 물려준 뒤 상황上皇으로서 원청院廳이라는 기관에서 실무를 담당하는 정치 형태입니다. 원칙상 일본 전역의 땅이 천황의 것이기에 천황은 따로 자신의 땅, 즉 장원을 소유할 수 없었습니다. 하지만 천황에서 물러난 상황은 장원의 영주가 될 수 있었지요. 후지와라씨에게 땅을 바치던 영주들은 원청으로 몰려들었고, 비로소 2세기에 걸친 섭관 정치가 막을 내립니다. 하지만 천황이 자리에서 물러나 장원 영주가 되어야 했다는 사실 자체가 천황이 다스리는 체제가 이미 무너졌음을 말해 줍니다.

막부

사무라이가 세운 특유의 정치 체제

무사의 등장과
가마쿠라 막부

　　헤이안 시대 중반인 10세기 일본에 무사 집단이 나
타납니다. 지방의 반란을 평정하고 해적을 막기 위해 파견되었던
귀족이 무예를 전문으로 하는 무사 가문으로 발전하거나, 지방에
서 장원을 지키던 사조직이 무사단으로 변해 갔지요. 왕권이 약
해지고 나라가 어수선해지자 중앙 귀족들도 무사단의 호위를 필
요로 하게 됩니다. 무사를 가리키는 다른 말인 '사무라이侍'는 '모
시다', '시중들다'라는 뜻의 동사 '사부라우さぶらう'에서 유래했습

니다.

12세기 후반 다이라平씨 일족을 중심으로 하는 무사단이 천황가의 신임을 받아 요직에 등용됩니다. 다이라씨는 천황가와 사돈 관계를 맺고 권력을 줍니다. 이때부터 19세기 메이지 유신까지 천황가와 귀족을 대신하여 무사가 권력의 핵심에 섰습니다. 다이라씨 일족의 집권은 30년을 넘기지 못하고, 수장인 다이라 기요모리平清盛가 사망하자 끝이 납니다. 다이라씨를 대신하여 미나모토源씨 일족이 중심인 무사단이 권력을 잡습니다. 일본 전역의 무사단들은 다이라씨를 지지하는 쪽과 미나모토씨를 지지하는 쪽으로 나뉘어 6년간 치열한 전투를 벌였습니다. 이후 미나모토씨와 다이라씨를 더불어 부르는 단어 '겐페이源平'는 패를 나누어 싸우는 것의 대명사가 되었지요.

미나모토씨의 수장 미나모토 요리토모源賴朝는 천황으로부터 정이대장군征夷大將軍에 임명됩니다. '정이'란 동쪽 오랑캐를 정벌한다는 의미이지만, 요리토모는 최고 권력자라는 상징으로서 이 지위에 올랐지요. 이후 권력을 잡은 무사단의 수장들은 정이대장군 칭호를 받았고, 그 자리를 자식들에게 세습했습니다. 1192년, 미나모토 요리토모는 천황가와 귀족이 있는 교토에서 동쪽으로 멀리 떨어진 가마쿠라鎌倉에 막부幕府를 엽니다. 가마쿠라는 지금의 도쿄東京 남쪽에 위치합니다. 막부는 원래 야전 사령부라는 의미였지만, 이때부터 무가 정권의 본부를 가리키게 되지요. 한편 가

천황의 궁을 둘러싸고 미나모토씨와 다이라씨가 벌인 전투를 그린 병풍.

마쿠라 막부가 들어선 12세기 후반에 한반도의 고려에서는 무신
정권이 들어섰습니다. 우리나라와 일본에서 비슷한 시기에 무인
들이 정권을 잡았다는 점이 흥미롭지요.

　일본의 무사 정권은 중앙 정부에서 관리를 지방에 내려 보내
통치하는 것이 아니라, 막부를 따르는 무사단에게 영지를 나누어
주는 봉건제를 기반으로 했습니다. 말하자면 힘 있는 무사단들의
연합 정권이었죠. 그중에서 미나모토 요리토모와 혼인 관계를 맺
은 호조北條씨 일족이 두각을 나타내어 결국 미나모토씨를 능가하
는 세력이 됩니다. 미나모토씨 일족이 장군직을 세습하기는 했지
만, 자리만 차지할 뿐 권력에서 배제됐지요. 정리하자면 가마쿠

역사

라 막부의 정치 체제란 교토에 천황과 귀족들이 있고, 가마쿠라에 장군이 있지만, 실세는 이도 저도 아닌 호조씨가 쥐고 있는 매우 복잡한 구조였습니다.

원나라의 침략과
남북조 시대

13세기 후반 중국에 원나라가 들어섭니다. 서쪽으로 동유럽까지 영토를 확장했던 원나라는 동쪽으로는 일본에 쳐들어갑니다. 그런데 1274년과 1281년 두 번에 걸쳐 이뤄진 원나라의 일본 공격은 폭풍우와 태풍으로 실패합니다. 일본은 원나라의 공격에서 자신들을 구하기 위해 신의 바람, 즉 '가미카제神風'가 불어왔다고 믿습니다. 원나라의 패배 원인에는 날씨 변화의 영향도 컸지만, 근본적으로 유목 민족이 기반인 원나라 군대가 기마전에 강했던 데 비해 해전에는 초보였기 때문입니다. 고려군이 도와주었지만 그다지 적극적이지 않았고요. 두 차례 원정 실패 이후에도 원나라는 일본을 공격하는 군사를 일으키려 했지만, 내분과 더불어 쿠빌라이 칸이 죽으면서 계획을 접습니다. 가미카제는 제2차 세계 대전 말기 비행기에 폭탄을 가득 싣고 미군 함정에 돌격했던 특공대의 명칭으로 재등장합니다. 일본을 구하는 신의 바람이 되어 달라는 기원 아래 수많은 젊은이들이 희생당했지요.

원나라의 공격은 가마쿠라 막부를 뒤흔듭니다. 14세기 초반 혼란을 틈타 교토의 천황이 권력을 되찾기 위해 움직이지요. 고다이고後醍醐 천황은 막부를 무너뜨릴 계획을 세우다가 측근이 밀고하여 발각됩니다. 그는 위험을 느끼고 교토를 탈출하지만 막부에 붙잡히고 맙니다. 막부는 고다이고 천황을 폐위하여 섬으로 유배 보내고 새로운 천황을 즉위시킵니다. 그럼에도 고다이고 천황은 굴복하지 않고 섬을 탈출하여 군사를 일으킵니다. 이를 진압하기 위해 막부에서는 아시카가 다카우지足利尊氏를 파견하지만, 그는 거꾸로 막부를 공격하지요. 결국 가마쿠라 막부는 멸망하고 천황이 통치하는 시대가 다시 돌아옵니다.

고다이고 천황은 왕권을 예전처럼 강화하려 했지만, 이미 전국 곳곳에는 무사단 세력이 굳건히 자리하고 있었습니다. 천황 통치는 3년 만에 막을 내리고, 아시카가 다카우지는 고다이고 천황을 폐위하고 새로운 천황을 세운 뒤 1336년 무로마치室町 막부를 수립합니다. 그런데 두 번 폐위당한 고다이고 천황이 또다시 교토를 탈출하여 교토 남쪽 요시노에 조정을 세우면서 천황이 동시에 두 명 존재하게 됩니다. 고다이고 천황 쪽을 남조南朝, 무로마치 막부가 세운 천황 쪽을 북조北朝라고 하며, 이때를 남북조 시대라 부르지요. 아시카가 다카우지는 장군 자리에 오르지만 동생과 권력 다툼을 벌이느라 남조를 곧바로 복속시키지 못합니다. 남북조는 50여 년간 대립하다가 1392년 아시카가 다카우지의 손자 요시미쓰義滿에 의해서 통일됩니다.

무로마치 막부와
전국 시대

　　　　무로마치 막부는 교토의 무로마치라는 곳에 장군의 처소를 두었기 때문에 붙여진 이름입니다. 막부를 세운 미나모토씨가 점점 권력에서 멀어진 가마쿠라 막부와 달리, 아시카가씨 일족이 줄곧 실권을 쥐고 있었기 때문에 아시카가 막부라고도 하지요. 아시카가 요시미쓰는 남북조 시대에 창궐하여 조선과 명나라에 막대한 피해를 입히던 해적인 왜구를 진압합니다. 그리고 견당사 이후 끊어졌던 중국과의 관계를 회복하여 견명선遣明船을 보내지요. 아시카가 요시미쓰는 로쿠온지鹿苑寺라는 사찰도 짓게 합니다. 로쿠온지는 사방을 금박으로 치장한 누각인 금각金閣이 유명하여, '긴카쿠지金閣寺'라고 불리기도 하지요. 금각은 1950년에 젊은 승려의 방화로 불타 버렸고, 현재 볼 수 있는 건물은 1955년에 재건한 것입니다. 1956년 일본의 소설가 미시마 유키오三島由紀夫는 승려가 금각의 아름다움에 반해 범행을 저질렀다고 해석한 소설 『금각사』를 발표하기도 했지요.

　1467년, 장군의 자리를 둘러싸고 싸움이 일어납니다. 유력한 무사들이 편을 갈라 교토를 무대로 11년간 전쟁을 벌였지요. 전쟁 끝에 무로마치 막부의 통제권은 사라지고, 각지에서 무사들이

교토의 사찰 로쿠온지에 있는 금각. 유네스코 세계 유산에도 등재되었다.

군웅할거 하는 시대가 도래합니다. 이를 '전국戰國 시대'라고 부릅니다. 전국 시대는 '하극상의 시대'이기도 합니다. 자신이 따르던 상관을 배신하는 일이 비일비재했기 때문이지요. 전국 시대에 각 지역에서 유력 무사가 된 이들을 '센고쿠다이묘戰國大名'라고 합니다. 센고쿠다이묘들은 서로 싸우기도 하고, 때로는 연합하기도 했지요.

전국 시대는 100년 넘게 지속되었고, 이러한 혼란기에 다양한 인물들이 등장하여 수많은 일화들을 만들어 냈습니다. 많은 일본 역사소설의 주된 배경이 되는 시대가 이때입니다. 오늘날에도 전국 시대를 배경으로 드라마, 만화, 애니메이션, 게임 등이 계속 만들어져 센고쿠다이묘의 인기는 식을 줄 모르지요. 일본을 대표하는 캐릭터인 닌자^{忍者}가 활발히 활동했던 때도 전국 시대입니다. 닌자는 주로 교토에서 가까운 고가^{甲賀}와 이가^{伊賀} 출신이 많았습니다. 농지가 비옥하지 못했던 탓에 이 지방 사람들은 다른 곳으로 가서 일할 수 있는 기술을 연마했습니다. 그 기술이 바로 '인술^{忍術}'로, 그들은 정체를 감추고 적지에 몰래 침입하는 능력을 키웠습니다.

전국 시대가 시작되면서 무로마치 막부는 곧바로 망했을까요? 그리고 천황은 어찌 됐을까요? 가마쿠라 막부 때도 그랬듯이 일본 역사에는 허울뿐이더라도 기존 권력자들이 그대로 남아 있는 경우가 많았습니다. 전국 시대에 접어들며 정국을 통제할 힘을 잃었지만 장군과 천황은 계속 교토에서 세습했지요.

전국 통일과 에도 시대

혼란을 넘어 안정을 찾다

오다 노부나가, 도요토미 히데요시, 그리고 도쿠가와 이에야스

1543년 중국 선박이 규슈 서남쪽에 있는 섬 다네가시마種子島에 표류합니다. 일본인들이 이 배에 타고 있던 포르투갈 상인으로부터 구입한 것이 화승총●입니다. 일본에서는 화승총을 아예 '다네가시마'라고 부르기도 하지요. 화승총을 전투에 가장 잘 이용한 센고쿠다이묘가 오다 노부나가織田信長입니다. 오다 노부나가는 지금의 나고야名古屋 시가 본거지였는데, 점차 세력을 넓히며 천하 통일을 꿈꿉니다. 그는 기마전을 중심으로 이루

● 화승이라 불리는 노끈에 불을 붙여 발사하던 총. 우리나라에서는 주로 조총이라고 불렀다.

어졌던 종래의 전투 방식에서 벗어나 화승총 부대를 일렬로 세워 총을 발사시킴으로써 큰 성과를 거두었습니다. 또한 무장을 하여 독자 세력으로 활동하던 사찰인 엔랴쿠지延曆寺가 통일에 방해되자, 절을 둘러싸고 모두 불태워 버리는 잔혹한 전략도 펼쳤지요. 1573년 오다 노부나가는 교토로 진입하여 무로마치 막부의 마지막 장군을 쫓아냅니다. 이후 그는 유력한 센고쿠다이묘를 차례차례 굴복시켜 나갑니다. 전국 통일이라는 꿈이 손에 잡히려 할 때, 노부나가는 측근 중에서도 측근이었던 아케치 미쓰히데明智光秀가 배반하여 교토 혼노지本能寺에서 죽고 맙니다. 전국 시대는 역시 하극상의 시대였던 것이죠.

아케치 미쓰히데는 오다 노부나가의 또 다른 측근 도요토미 히데요시豊臣秀吉에게 패배합니다. 도요토미 히데요시는 규슈 지방과 간토 지방을 평정함으로써 1590년 전국 통일을 이룹니다. 도요토미 히데요시는 '아시가루足輕', 즉 말을 타지 못하고 두 다리로 이동해야 했던 최하급 무사 출신입니다. 오다 노부나가에게 발탁되어 출세를 거듭한 끝에 마침내 전국 통일이라는 대업까지 달성하지요. 도요토미 히데요시는 당시 최대 규모인 오사카大阪 성을 지어 본거지로 삼습니다. 그리고 전국의 토지를 조사하여 세금을 징수하고, 무사 이외에는 칼을 휴대하지 못하도록 도수령刀狩令을 내립니다.

도요토미 히데요시는 1592년 임진왜란, 1597년 정유재란을 일으켜 조선에 막대한 피해를 입히다가 정유재란을 일으킨 이듬해에 죽습니다. 이 기회를 틈타 도쿠가와 이에야스德川家康가 움직입니다.

에도 막부를 세운 도쿠가와 이에야스의 초상화.

도쿠가와 이에야스도 도요토미 히데요시와 마찬가지로 오다 노부나가의 부하였지만, 전국을 통일한 도요토미 히데요시에게 충성을 맹세했습니다. 도요토미 히데요시는 도쿠가와 이에야스가 자신을 위협할 존재라고 여겼기 때문에 그의 영지를 나고야 주변에서 동쪽으로 멀리 옮겨 버립니다. 도쿠가와 이에야스가 옮겨 간 곳이 에도江戶, 즉 지금의 도쿄입니다. 임진왜란에 참여하지 않은 채 에도에서 힘을 기르던 도쿠가와 이에야스는 도요토미 히데요시의 잔존 세력을 물리치고 1603년 장군의 자리에 오릅니다.

에도 막부

　　　　에도 막부는 도쿠가와 이에야스의 성을 따서 도쿠가와 막부로도 불립니다. 도쿠가와 막부는 중요 지역만을 막부의 직할지로 삼고, 대부분 지역은 이전처럼 각 무사들의 영지로 인정해 주었습니다. 이를 '번藩'이라 불렀고 전국에 260여 개의 번이 있었지요. 번의 우두머리는 번주藩主 또는 다이묘라 하며, 그 자리는 세습되었습니다. 에도 막부는 수많은 번들을 통제하고 정권의 안정을 유지하기 위해 여러 제도를 만들어 냅니다. 번주들은 막부의 허가 없이 결혼할 수 없었고, 성을 수리할 수도 없었습니다. 이는 번끼리 연합하여 반란을 꾀하지 못하도록 막기 위해서였지요. 그리고 '참근교대參勤交代'라는 제도가 생겨서 번주는 1년은 에도에서 살고, 1년은 자신의 번에 돌아가 사는 일을 반복해야 했습니다. 번주의 부인과 후계자는 계속 에도에 머물러야 했고요. 이러한 여러 제도 중 하나라도 어길 시에는 번을 다른 곳으로 옮기거나 영지를 줄여 버렸습니다.

에도 막부는 대외적으로는 쇄국 정책을 펼쳤습니다. 전국 시대에 활동하던 선교사를 추방했고 기독교를 믿는 것 자체를 금지했지요. 뱃길도 막아서 막부의 허가 없이는 아무도 일본 밖으로 나갈 수 없었습니다. 그렇다고 아예 다른 나라와 교역을 하지 않은 것은 아닙니다. 각 번이 독자적으로 해 오던 교역을 막부가 통제하거나 독점하는 식으로 바꾼 것이지요. 에도 막부는 서양 여러 나라 중에서 선교가 목적이 아니었던 네덜란드와의 교역만 허락했고, 장소도 나가사키長崎에 있는 조그만 인공 섬 데지마出島로 한정했습니다. 그리고 임진왜란 이후 끊겼던 조선과의 국교를 재개하여 쓰시마對馬, 대마도를 통해서 교역했습니다. 중국과도 나가사키에서만 교역이 이루어지도록 규제했지요.

에도 막부가 통치한 17세기 초반부터 19세기 후반까지 260여 년간은 비교적 평화로운 시대였습니다. 도시가 커지고 상업이 발달하여, 농업에 종사하지 않는 서민인 조닌町人 계급이 늘어났지요. 상업으로 돈을 벌어 부유해진 조닌이 있는 반면, 계속 오르는 물가 때문에 생활고에 시달리는 하급 무사가 많아졌습니다. 무사들은 번으로부터 정해진 급료를 받았기 때문입니다. 에도 막부 말기에는 하급 무사의 불만이 터져 나왔습니다.

에도의 발달과
서민 문화

참근교대로 번주들은 매년 엄청난 비용을 써야 했습니다. 번주 혼자만이 아니라, 가신들과 함께 격식을 차려 이동해야 했기 때문입니다. 규모가 큰 번은 한 번 이동하는 인원이 4,000명을 넘기도 했지요. 참근교대는 번이 재력을 쌓으면 반란을 꾀하지 않을까 걱정한 막부가 일부러 돈을 쓰게 만든 제도입니다. 그래도 참근교대 덕에 전국의 도로가 정비되고, 숙박 시설이 발달했습니다.

또한 260개가 넘는 번들이 본거지와의 연락 사무소 역할을 겸하는 저택을 에도에 마련해야 했습니다. 저택 부지는 모두 에도 막부가 제공했지만 유지비는 번의 몫이었지요. 번의 규모에 따라 에도 저택의 크기도 달라서 큰 번의 경우 수천 명이 함께 생활했습니다. 여담이지만 현재 도쿄대학을 비롯한 많은 대학들이 에도 시대 번주들의 저택 부지에 위치하고 있지요.

전국의 무사들이 에도로 모여들면서 이들의 생활을 뒷받침하는 상인과 수공업자들도 늘어났습니다. 에도의 인구가 급증하여 100만 명이 넘었지요. 이렇게 대도시가 형성되자 대중소설과 공연 등 서민 문화가 발달했습니다. 대중소설이 꽃필 수 있었던 데는 글을 읽을 줄 아는 사람이 많았던 덕도 있습니다. 일본에서는 과거제가 시행되지 않았기 때문에 우리나라의 서당과 비슷한 데라코야寺子屋에서 신분에 상관없이 많은 아이들에게 일상생활에 필요한 글을 가르쳤습니다. 따라서 식자층이 두꺼워 대중소설이 많이 저술되었지요. 대표작으로 교쿠테이 바킨의 『난소사토미핫켄덴南総里見八犬傳』이 있습니다. 여덟 개의 염주 알을 찾아 나서는 이야기로, 이후 도리야마 아키라의 만화 『드래곤볼』에 영향을 주었지요. 그 외 짓펜샤 잇쿠의 『도카이도추히자쿠리게東海道中膝栗毛』는 조닌 남성 두 명이 에도에서 교토와 오사카로 여행하면서 겪는 일을 소재 삼아 큰 인기를 얻었습니다. 소설의 소재가 될 정도로 에도 시대 중반 이후에는 서민들 사이에서 여행이 유행했습니다. 참근교대의 덕을 서민들이 본 것이죠.

에도 시대 서민들이 즐긴 공연에는 닌교조루리人形浄瑠璃와 가부키歌舞伎가 있지요. 닌교조루리는 인형극을 말하며, 사람 몸의 3분의 2 정도 되는 큰 인형을 세 사람이 조종합니다. 매우 정교하게 만들어진 인형을 한 명이 머리와 오른손을, 다른 한 명이 왼손을, 그리고 마지막 한 명이 다리를 움직이지요. 전문 극작가들이 써낸 다양한 작품들이 인형의 연기를 통해 공연되었습니다. 닌교조루리에서 흥행한 작품은 사람이 연기하는 가부키로도 만들어졌습니다. 가부키에서 먼저 흥행을 한 작품이 닌교조루리로 옮겨가서 공연되는 경우도 있었지요.

가부키는 춤과 노래, 그리고 연기로 이루어집니다. 에도 막부가 들어선 1603년 오쿠니라는 여성이 남장을 하고 나와 칼을 들고 춤을 춘 것이 시초였지요. 이것이 전국 각지에서 유행하여 여성이나 미소년들이 집단을 이루어 공연을 했습니다. 에도 막부가 풍기 문란을 이유로 공연을 금지하자 성인 남성이 여자 역할도 맡는, 현재와 같은 형태의 가부키 공연이 등장했지요. 인기가 많아지면서 가부키만 공연하는 극장이 에도 시내에 네 곳이나 생겨납니다. 얼굴을 새하얗게 칠하는 가부키 배우의 화장은 조명이 어두웠던 당시 극장 안에서 눈에 잘 띄기 위해 시작되었다고 합니다.

가부키의 내용은 예부터 전해 내려오는 이야기를 바탕으로 한 것과 에도 시대 당시를 배경으로 한 것으로 나뉘었습니다. 현재까지도 일본을 대표하는 이야기인 「주신구라忠臣藏」 역시 원래 가부키 공연이었지요. 「주신구라」의 줄거리는 다음과 같습니다.

역사

어느 날 막부 관료가 자신에게 뇌물을 바치지 않았다고 작은 번의 다이묘를 모욕합니다. 참다못한 다이묘는 칼을 뽑아 막부 관료에게 대듭니다. 장군이 살고 있는 에도 성 안에서는 절대 칼을 뽑으면 안 된다는 법도가 있었기 때문에, 이를 어긴 다이묘는 그날로 할복을 명받아 죽습니다. 다이묘의 번은 없어지고 번에 소속되었던 무사들은 모두 떠돌이 사무라이인 낭인이 되지요. 1년 9개월 뒤 47명의 낭인들은 몰래 에도로 모여 막부 관료의 집에 쳐들어가 주군의 원수를 갚습니다. 낭인 신세가 되었음에도 오랫동안 막부의 감시를 피하며 거사를 준비한 47명에게는, 한 명 한 명 각양각색의 사연이 있지요. 「주신구라」는 주군에 대한 충성을 그린 이야기로 미화되기도 하지만, 다이묘만을 처벌하고 관료에게는 관대했던 막부에 반발하는 내용이라서 서민들에게 인기가 높았습니다.

에도 시대에는 공연뿐 아니라 우키요에浮世繪라는 회화도 발달했습니다. 우키요에는 가부키 배우, 미인, 풍경 등 당시의 풍속을 그린 그림입니다. 판화였기에 대량 생산이 가능하여 서민들이 비싸지 않은 가격에 구입했지요. 다색 판화라서 색깔이 다채로웠기 때문에 비단 그림이라는 뜻의 니시키에錦繪라고도 불렸습니다. 우키요에는 19세기 유럽에 전해져서 고흐와 모네 같은 화가들에게도 많은 영향을 끼쳤습니다.

에도 시대의 대표적인 우키요에 화가인 기타가와 우타마로의 「당대 세 미인」.

메이지 유신

근대화의 바람이 제국주의로

개항과
에도 막부의 최후

1840년 영국이 청나라를 상대로 전쟁을 벌입니다. '아편 전쟁'®이라 불리는 이 싸움에서 승리한 영국은 상하이에서 무역을 할 수 있게 되었고, 홍콩이 할양되었습니다. 서양 세력의 동아시아 진출을 알리는 청나라의 패전 소식은 일본에도 전해져서 위기감이 짙어집니다. 1853년 미국의 페리 제독이 군함 4척을 이끌고 에도 앞바다에 나타납니다. 그는 개국을 요구하는 미국 대통령의 편지를 막부에 전달합니다. 막부는 이 사실을 천황

● 당시 영국은 청나라로부터 도자기, 차, 비단 같은 물품을 수입하며 막대한 적자를 보고 있었다. 이에 영국은 식민지에서 재배한 아편을 청나라에 밀수출하여 수지를 맞추었다. 사회 안정을 위해 청나라가 아편을 단속하자 영국은 군대를 파견하여 전쟁을 일으켰다.

과 유력 다이묘들에게 알리고 어떻게 했으면 좋겠느냐고 의견을 묻습니다. 의견을 물었다는 사실 자체로 막부에는 새로운 국면에 대처할 힘이 없음을 노출한 셈이지요. 천황과 유력 다이묘들 사이에서는 쇄국을 유지하고 서양 세력을 막아 내자는 양이론攘夷論이 대세였습니다. 하지만 이듬해 페리 제독이 군함 7척을 이끌고 다시 찾아와 개항을 재촉하자 막부는 미일 화친 조약을 맺고, 시모다下田와 하코다테函館 두 곳을 개방합니다. 이후 막부는 다른 서양 나라들과도 조약을 맺으며 개항해 나갑니다.

개국 행보에 반대하는 핵심 세력은 에도 막부가 성립될 때부터 막부와 사이가 좋지 않았던 서쪽의 번들이었습니다. 규슈 남쪽의 사쓰마 번과 혼슈 서쪽의 조슈 번이 그 대표였지요. 그들은 막부의 장군을 대신할 구심점으로 700여 년간 정치권력에서 멀리 있던 천황을 끌어들입니다. 천황을 권력의 중심으로 삼으려는 운동에는 다이묘가 아니라 막부의 처우에 불만이 많았던 하급 무사들이 앞장섰습니다. 이 세력은 막부에 반대하며 쇄국을 주장했지만, 국제 정세를 알게 되면서 점차 개국하지 않을 수 없음을 깨달아 갑니다. 막부는 이 세력의 주모자들을 처벌하기도 하고 조슈 번을 정벌하려고 군사를 일으키기도 했지만 역부족이었습니다. 결국 에도 막부는 막을 내리고, 메이지明治 천황은 1868년 왕정복고王政復古●를 선언합니다.

메이지 유신

메이지 친황은 교토를 떠나 에도로 향합니다. 에도는 도쿄로 이름이 바뀌고, 일본의 수도가 되었지요. 에도 막부가 끝난 뒤, 근대 국가로서의 면모를 갖추기 위하여 행해진 개혁들을 메이지 유신明治維新이라 부릅니다. 우선 메이지 정부는 이전 시대의 사회 체제를 정비했습니다. 번을 없애고 현縣을 세운 뒤, 중앙 정부에서 각 현에 관료를 보냈지요. 또한 무사 계급과 같은 신분 구분을 없앴습니다. 다만 가장 반발이 심한 번주들에게는 귀족 칭호를 주었는데, 도쿠가와 가문은 공작, 규모가 큰 번의 번주는 백작, 작은 번의 번주는 자작 등을 받았습니다. 메이지 정부는 '문명개화'와 '부국강병'이라는 목표를 향해 사회를 변화시켜 나갑니다. 서양 문물을 받아들이며 '학교령'을 내려 공교육을 시작했고, 육군과 해군 창설과 더불어 징병제를 실시했지요.

메이지 유신을 이룬 주역들은 세계정세를 직접 보기 위하여 1871년 해외 탐방을 떠납니다. 외무경 이와쿠라 도모미岩倉具視를 대표로 하는 사절단이라서 보통 '이와쿠라 사절단'이라 부르지요. 사절단은 미국 증기선으로 태평양을 건너 샌프란시스코에 내렸다가, 대륙을 횡단하는 기차를 타고 워싱턴에 가서 그랜트 대통령을 만납니다. 이때 미국 철도의 발달에 놀란 이와쿠라 도모미는 일본에 돌아와서 철도 회사 설립에 힘을 기울이기도 했지요. 미국에 8개월간 체류한 사절단은 대서양을 건너 영국으로 가

이와쿠라 사절단이 런던에서 촬영한 사진. 가운데에 앉아 있는 인물이 이와쿠라 도모미이고, 그 오른쪽에 서 있는 사람은 이토 히로부미다.

서 산업 혁명이 한창 이루어지는 모습을 시찰하고 프랑스, 벨기에, 네덜란드를 거쳐 독일로 향합니다. 사절단은 철혈 재상 비스마르크와 만나고, 통일을 이룬 지 얼마 안 된 독일을 둘러보며 일본의 모델로 적합하다고 생각하게 됩니다. 독일을 떠난 사절단은 러시아에 들렀다 덴마크, 스웨덴, 이탈리아, 오스트리아, 스위스를 방문합니다. 오스트리아에서는 빈 만국 박람회를 견학했지요. 귀국길에는 수에즈 운하를 통과하고 인도양을 거쳤습니다. 1년 9개월에 걸쳐 지구를 한 바퀴 돈 사절단은 원래 목표였던 개국

초기 서구와 맺은 불평등 조약의 개정에 실패했지만, 그들의 경험은 이후 일본이 나아가는 방향을 정하는 데 지대한 영향을 끼쳤습니다. 또한 사절단을 따라 떠났다가 각지에서 유학을 한 사람들이 귀국 후 사회 각계각층에서 활발하게 활동했지요.

메이지 유신을 시작한 지 20년이 지난 1889년 메이지 헌법이 만들어집니다. 이에 따라 이듬해 선거가 치러지고 국회가 개설되었지요. 다만 선거권은 세금을 많이 내는 일부 부유층에게만 주어졌습니다. 어쨌든 일본은 헌법을 제정하여 국회를 열고 국민에게 선거권을 주는 등 근대 민주주의 국가와 같은 모습을 갖추어 나갑니다. 하지만 메이지 헌법을 자세히 보면 진정한 민주주의와 거리가 있음을 알 수 있습니다. 민주주의의 근본은 국민 주권이지만, 메이지 헌법 1조에는 국권이 국민이 아니라 천황에게 있다고 명시되었습니다. 게다가 군 통수권 또한 총리가 아니라 천황에게 주어졌지요. 세계가 절대 왕정에서 국민 주권으로 변화하던 시대에 일본은 오히려 천황에게 모든 권한을 몰아주는 쪽으로 역행한 것입니다. 이러한 역행이 결국 천황 신격화와 비참한 전쟁으로 이어집니다.

제국주의와
해외 침략

1890년 총리 야마가타 아리토모山縣有朋는 국회에 나

와 군비 증액을 호소합니다. 야마가타는 그 이유를 일본의 주권선主權線과 이익선利益線을 지키기 위해서라고 설명했지요. 주권선이란 일본의 국경을 말하는 것이고, 이익선이란 국경 밖에 있지만 일본의 안위와 직결하는 지역을 뜻합니다. 이익선에는 한반도를 비롯하여 타이완과 중국이 들어갈 수 있고, 동남아시아와 태평양 등 계속 확대될 수도 있지요. 이익선은 이후 일본이 주변국을 침략하는 데 기본 개념이 되었고, 오늘날 일본에서 자위대 파병을 확대하려는 정책을 추진하는 것과도 무관하지 않습니다. 자신들의 국경 개념에 이익선을 대입하여 일본 외에 동맹국이 공격받아도 자위대를 파병하겠다는 논리이지요.

1894년 일본은 동학 농민 운동을 빌미로 한반도에 진출하여 청나라와 전쟁을 벌입니다.● 청일 전쟁에서 승리한 일본에 요동반도와 타이완이 할양되지만, 요동반도는 러시아, 프랑스, 독일 등의 압력에 못 이겨 반환합니다. 반면 타이완에는 일본의 총독부가 설치되고 해군 대장이 총독에 임명됩니다.

청일 전쟁에서 패배한 이후 청나라는 혼란에 빠집니다. 이를 틈타 러시아가 만주에 군대를 주둔시키지요. 러시아가 아시아로 세력을 넓히는 것을 막아 오던 영국은 1902년 일본과 동맹을 맺습니다. 영국의 지원에 힘입은 일본은 2년 뒤인 1904년 요동반도 끝 뤼순에 있는 러시아 함대 기지를 공격하면서 전쟁을 일으킵니다. 이에 러시아는 북유럽의 발트 해에 있던 최정예 함대를 아시

● 갑신정변 후 일본과 청나라는 '양국은 조선에서 동시에 군대를 철수하고, 이후 파병할 때는 미리 알린다.'라는 내용의 톈진 조약을 맺었다. 청나라가 조선의 요청을 받아 동학 농민 운동을 진압할 군대를 보내자, 일본도 톈진 조약을 근거로 조선에 군대를 파병했다.

러일 전쟁 때 열차를 이용하여 이동 중인 일본군.

아로 보내지요. 이 함대는 아프리카 대륙을 빙 돌아서 아시아로
가야 했고, 영국의 방해 탓에 도중에 보급을 제대로 받지 못했습
니다. 7개월에 걸친 오랜 항해를 마치고 일본 근처에 도착한 러
시아 함대는 전투할 수 있기는커녕 기진맥진한 상태였습니다. 일
본 해군은 이러한 러시아 함대를 기습하여 격파합니다. 러일 전
쟁에서 승리한 일본은 뤼순과 다롄을 조차*하고, 사할린의 남쪽
반을 넘겨받았습니다.

　청일 전쟁과 러일 전쟁에서 승리하고 영일 동맹을 유지함으
로써 동아시아에서 더 이상 일본을 제지할 상대가 없어지자,
1910년 일본은 조선을 강제 병합합니다. 초대 조선 총독에는 육
군 대장이 임명되었습니다.

● 특별한 합의에 따라 한 나라가 다른 나라 영토의 일부를 빌려 쓰는 것.

전쟁과 패전
제국주의가 불러일으킨 비극

제1차 세계 대전과
다이쇼 데모크라시

　　　전쟁 승리와 식민지 확보 덕에 일본의 산업은 비약적으로 발전해 갑니다. 제1차 세계 대전은 일본에 또 한 번 경기를 부양할 기회를 가져다주지요. 1914년 세계 대전이 발발하자 일본은 영일 동맹을 근거로 독일에 선전 포고를 하고, 독일의 조차지인 중국 산둥 성 칭다오를 점령합니다. 그리고 독일이 지배하던 남태평양의 사이판 섬과 티니언 섬 등도 접수하지요. 전쟁이 끝난 뒤 칭다오는 중국에 반환하지만, 사이판 섬과 티니언 섬

등은 일본이 계속 점령합니다. 제1차 세계 대전의 승전국이 된 일본은 프랑스, 영국, 이탈리아 능과 더불어 국제 연합의 전신인 국제 연맹에서 상임 이사국이 되어 서구 열강과 어깨를 나란히 합니다.

제1차 세계 대전이 끝나 가던 1918년, 일본의 경기는 최고조에 달해 물가가 계속 상승했습니다. 그중에서 쌀값은 하루가 다르게 올랐지요. 농촌에서 도시로 인구가 집중되며 쌀 소비가 증가했는데, 더 많은 이익을 노린 상인들이 쌀을 팔지 않은 채 사재기를 했습니다. 생계유지가 안 될 정도로 쌀이 비싸지자 전국 각지에서 쌀값을 내려 달라는 데모가 연이었습니다. 결국 정국을 안정시키기 위하여 하라 다카시原敬를 총리로 하는 새로운 내각이 들어섰지요. 이때부터 일본에서는 다수당의 대표가 총리를 맡게 됩니다. 그럼 이전 총리들은 어떻게 정해졌냐고요? 선거 결과와 상관없이 메이지 유신을 이룬 주역들이 돌아가면서 총리가 되든지, 그들이 추천한 사람이 총리를 맡았습니다. 하라 다카시 내각을 전후한 시기는 사회 운동이 활발했고 정당 정치도 어느 정도 정상적으로 운영되었기에 '다이쇼大正 데모크라시' 시대라고 불립니다. '다이쇼'는 이 시대가 다이쇼 천황의 재위 기간[1912~1926]이기 때문에 붙여진 이름이지요.

다이쇼 데모크라시는 세금을 많이 내는 부유층만이 아니라 모든 성인 남성에게 선거권을 주자는 보통 선거 운동에서 절정을 이룹니다. 보통 선거 실시를 요구하는 데모가 계속되자, 국회는 1925년에 25세 이상의 모든 남성에게 선거권을 부여하는 보통 선거법을 통과시킵니다.* 하지만 1925년에는 보통 선거법과 더불어 치안 유지법도 만들어졌습니다. 치안 유지법이란 천황제에 위협이 되거나 사회주의 사상을 가진 이를 단속하는 법으로, 사상 통제와 언론 탄압의 근거로 활용되었지요. 치안 유지법 탓에 시민운동은 잦아들고 언론들은 숨을 죽였습니다. 1932년, 반란을 일으킨 해군 장교들이 이누카이 쓰요시犬養毅 총리를 암살함으로써 다수당의 대표가 총리를 맡는 정당 정치도 막을 내리고 맙니다. 이후 총리는 천황의 자문 역할을 한 '중신 회의'에서 결정되어 군인이나 관료, 귀족들이 도맡았고, 국정을 운영하는 데 군부의 영향력이 더욱 커졌습니다.

만주국 건설,
중일 전쟁, 제2차 세계 대전

　　　　1931년 일본군은 만주 사변을 일으켜 만주를 점령합니다. 일본군은 이듬해 만주국을 설립하고, 청나라의 마지막 황제였던 푸이를 불러들여 허울뿐이지만 다시 황제에 오르게 하지요. 만주국은 모든 실권을 일본이 쥐고 있던 꼭두각시 국가였습니다. 일본의 강경한 행보는 전 세계에서 지탄을 받고, 국제 연맹은 일본군의 철수 권고안을 결의합니다. 그러자 1933년 일본

● 오늘날의 보통 선거는 재산·신분·성별·교육 정도에 상관없이 모든 성년이 투표할 수 있다. 다이쇼 데모크라시 시대에 실시된 보통 선거는 '성인 남성'으로 선거권을 제한하여 범위가 좁다.

역사

055

은 국제 연맹을 탈퇴해 버립니다. 일본은 마찬가지로 국제 연맹을 탈퇴한 나치 독일과 이탈리아에 접근합니다. 1936년 일본과 독일이 방공 협정을 맺었고, 이듬해에 이탈리아도 참가했지요.

1937년 일본은 중국과 전면전을 시작합니다. 일본군은 상하이를 점령하고, 국민당 정부의 수도 난징으로 쳐들어가 30만 명 이상을 학살했습니다. 그리고 국민당 간부였던 왕징웨이를 불러들여 꼭두각시나 다름없는 난징 정부를 세웠지요. 한편 일본 국내도 전시 체제에 돌입합니다. 국가 총동원법이 제정되어 사람, 자원, 경제, 문화 등 모든 것이 전쟁을 위해서 통제 운영되었습니다. 정당이 전부 해체되고 '신체제'라는 이름 아래 각종 단체들이 통합되었지요. 쇼와 천황은 '현인신現人神', 즉 살아 있는 신으로서 받들어졌고 국민들에게는 맹목적인 충성이 요구되었습니다.

유럽에서는 1939년 독일이 폴란드를 침공하며 제2차 세계 대전이 발발합니다. 일본은 1940년에 독일, 이탈리아와 군사 동맹을 체결하여 이듬해부터 미국, 영국 등과 전쟁을 벌였지요. 일본은 이 전쟁을 '대동아 전쟁大東亞戰爭'이라고 불렀습니다. 아시아의 민족이 다 같이 단결하여 서양 세력에 대항하는 전쟁이라는 뜻입니다. 조선을 강제로 병합하고 중국과 동남아시아를 침략한 일본이 아시아의 단결을 외친다니 모순 그 자체였지요.

1941년 12월 8일 일본군은 하와이 진주만에 있는 미국의 해군 기지를 기습하고, 동시에 영국령이던 말레이시아로 쳐들어갑니다. 일본군은 동남아시아에서 말레이시아, 싱가포르, 인도네시아, 필리핀, 미얀마 등을 점령해 갔습니다. 일본군의 기세는 1942년 6월 태평양 한가운데 위치한 미드웨이 섬 앞바다에서 벌인 미군과의 전투에서 패배함으로써 꺾입니다. 1943년에 들어서면서 일본의 패색은 더욱 짙어집니다. 일본군은 적군에 포로로 잡히는 대신 자살을 택합니다. 이러한 일본군의 행동에 전 세계가 경악했지요. 하지만 일본 정부는 이를 '옥쇄玉碎', 즉 옥처럼 산산이 부서지는 아름다운 행위로 미화합니다. 그리고 '일억옥쇄一億玉碎', 다시 말해 모든 일본인이 죽을 때까지 전쟁을 그만두지 않겠다고 선전했지요. 1945년 4월 미군이 오키나와沖縄에 상륙합니다. 오키나와에서는 6만 5,000여 명의 일본군 이외에 10만 명이 넘는 오키나와 주민이 사망했습니다. 일반 주민은 전투에 휘말려서 죽기보다는 대부분 집단 자살이었지요. 오키나와에서 희생이 매우 컸음에도 불구하고 일본은 항복하지 않았습니다. 1945년 8월 미군 폭격기가 사흘 간격으로 히로시마와 나가사키에 원자 폭탄을 떨어뜨립니다. 히로시마에서 14만여 명, 나가사키에서 7만여 명이 희생당한 뒤에야 일본은 항복합니다.

연합국 총사령부의
지배

　　　패전 후 일본은 연합국 총사령부의 지배를 받습니

원자 폭탄에 의해 황폐화된 히로시마 시내. 가운데 건물은 당시 참상을 전하기 위해 보존되어, 현재 유네스코 세계 유산에 등재되었다.

다. 일본에서는 '총사령부'General Headquarters의 영어 철자를 따서 'GHQ 시대'라고도 하지요. 연합국 총사령부였기는 했지만, 맥아더 장군이 최고 사령관이었고 미국이 주도하며 운영되었습니다. 연합국 총사령부가 시행한 정책의 목표는 일본이 세계 평화에 위협이 되지 않도록 민주화하는 것이었습니다. 그래서 헌법을 개정하여 주권을 천황이 아닌 국민에게 있도록 했습니다. 군대를 없애고 치안 유지법도 폐지했지요. 또한 여성에게도 선거권을 주고 정당 정치를 부활시켰으며 노동조합 결성을 장려했습니다.

이러한 개혁과 더불어 전쟁 책임을 따졌습니다. 전범들은 죄

도쿄 재판에 출두한 A급 전범 도조 히데키. 통역의 도움을 빌기 위해 헤드폰을 쓰고 있다. 전쟁 중 총리대신, 육군 대신, 참모 총장을 겸임했던 도조 히데키는 이 재판에서 사형 판결을 받고 교수형당했다.

질에 따라 A와 BC급으로 나뉘어 재판을 받았지요. A급 전범 재판은 도쿄에서 열렸기 때문에 '도쿄 재판'이라고도 합니다. BC급 전범 재판은 요코하마橫濱를 비롯하여 마닐라, 괌, 싱가포르, 베이징 등 전 세계 49곳에서 열렸습니다. 재판정에 서지 않은 사람 중에서도 전쟁에 적극적으로 가담했던 각계각층의 사람들이 공직에서 추방당했습니다. 정치가, 기업가는 물론이고 언론계, 문화계까지 21만 명에 이르는 사람들이 자리에서 물러났지요.

하지만 연합국 총사령부의 개혁에는 한계가 있었습니다. 근본적 문제는 군의 통수권을 가지고 있던 쇼와 천황에게 아무런 전쟁 책임을 묻지 않은 것입니다. 그 대신 천황에게 '인간 선언'을 하라고 했을 뿐이지요. 이에 따라 쇼와 천황은 자신은 살아 있는 신이 아니라는 내용의 조서를 내립니다. 또한 소련과의 냉전이 격렬해지면서 연합국 총사령부가 점령 초기에 추구했던 개혁 노선이 변경됩니다. 미국이 사회주의 진영과 벌이는 냉전에 대비하여 일본을 경제적·군사적 기지로 만들려고 했기 때문입니다. 노동조합 결성을 장려하던 연합국 총사령부는 오히려 노동조합을 탄압하기 시작합니다. 경찰 예비대라는 명칭이기는 했지만, 군대와 유사한 조직도 다시 만들었지요. 경찰 예비대를 바탕으로 1954년에 자위대가 창설됩니다. 그리고 연합국 총사령부는 공직에서 추방했던 사람들을 다시 불러들입니다. 심지어 A급 전범들을 감형해 주거나 석방했지요. 이러한 연합국 총사령부의 미진한 개혁은 전쟁 책임을 느끼지 않는 일본인들의 태도에도 영향을 끼쳤습니다.

전후 시대

아시아 경제 대국은 어디로 향하는가

전후 일본과
55년 체제

　　　　1952년 샌프란시스코 강화 조약®이 발효되며 일본
은 연합국 총사령부의 지배에서 벗어납니다. 소련과 중국 등 사
회주의 국가들은 강화 조약에 참가하지 않았습니다. 강화 조약
이 맺어진 날 미일 안보 조약도 조인됩니다. 미일 안보 조약의 내
용은 일본이 영토 내 미군의 주둔을 인정하고, 그 비용을 분담한
다는 것이었지요. 당시 일본의 야당인 사회당은 사회주의 국가
를 포함한 교전국 모두와 강화 조약을 맺어야 하고, 미군의 주둔

1960년 개정된 미일 안보 조약에 반대하여 국회 의사당으로 모여든 인파.

을 허용하기보다는 일본을 비무장 중립 국가로 만들자고 주장했습니다. 사회당이 여론의 지지를 얻어 의석수를 늘리자, 1955년 보수적 성향의 정당인 자유당과 일본민주당이 합당하여 자유민주당, 줄여서 자민당을 결성합니다. 이를 보통 '55년 체제'의 성립이라고 부릅니다. 55년 체제에서는 자민당이 계속해서 국회의 과반수 의석을 차지했고, 그 체제 아래에서 일본은 안보를 미국에 맡기고 경제 성장에 전력을 기울였습니다. 55년 체제를 바탕으로 일본은 고도 경제 성장 시대에 돌입했지요.

미일 안보 조약은 1960년 개정됩니다. 새로운 안보 조약에서는 일본의 역할이 기지를 제공하는 차원을 넘어서 미국을 군사적으로 도와야 하는 것까지 강조되었습니다. 이 개정은 전쟁을 생생하게 기억하는 당시 일본인에게 일본이 다시 전쟁에 휘말리지 않을까 하는 불안감을 일으켰지요. 자민당이 단독으로 법안을 통과시키자, 사람들은 국회로 몰려가 매일같이 데모를 벌였습니다. 가장 많을 때에는 국회 주변을 30만 명이 둘러쌌지요. 이 시위 때문에 아이젠하워 미국 대통령의 방일 계획이 취소되었고, 결국 총리가 물러났습니다. 하지만 다음 총리 역시 자민당에서 나왔는데, 1인당 국민 소득을 10년 안에 2배로 늘리겠다는 계획을 내놓으며 정치 쟁점을 안보에서 경제로 전환합니다. 일본의 경제 성장은 예상을 뛰어넘어, 국민 소득이 10년이 아니라 7년 만에 2배가 됩니다. 사람들의 관심은 점차 정치에서 멀어지고 경제로 향했지요.

닉슨 쇼크와
오일 쇼크

1972년 2월 닉슨 미국 대통령은 전격적으로 중국을 방문합니다. 냉전이 한창이던 때 이뤄진 미국과 중국의 접근은 세상을 놀라게 하여, '닉슨 쇼크'라고 이야기되지요. 일본도 같은 해 9월 다나카 가쿠에이田中角榮 총리가 중국을 찾고, 국교를 정상화합니다. 이로써 타이완과 일본의 국교는 끊어집니다.•

● 중국은 타이완을 국가로 인정하지 않기 때문에 중국과 국교를 맺으려면 타이완과 외교 관계를 끊어야 한다. 우리나라도 1992년 중국과 국교를 맺으면서 타이완과 단교해야 했다.

일본에 더 큰 영향을 준 것은 또 하나의 닉슨 쇼크였습니다. 바로 1971년 닉슨 대통령이 고정 환율제를 종료한 것입니다. 지금은 환율이 시시각각 변하지만, 1971년까지는 '1달러＝360엔'으로 딱 정해져 있었습니다. 왜 360엔으로 정했는지에 대해서는 여러 가지 이야기가 있지만, 엔円이라는 한자가 360도의 원을 뜻하기 때문이라는 설이 가장 유력하지요. 고정 환율제는 일본 경제가 빠르게 성장하는 데 크나큰 받침돌이었습니다. 그런데 베트남 전쟁이 장기화되면서 재정 상태가 극도로 나빠지자, 미국은 달러의 높은 가치를 더 이상 유지할 수 없었습니다. 그래서 고정 환율제를 포기했지요. 변동 환율제가 시작되면서 엔화의 가치는 계속 올라갔습니다. 엔화의 가치가 높아지면, 즉 엔고円高가 되면 일본 입장에서는 수입품 가격이 내려가는 이점이 있지만, 수출품 가격이 상승하여 기업의 경쟁력이 떨어집니다. 이후 일본 경제의 특징은 엔고와의 싸움이라 해도 과언이 아닙니다. 2011년에는 '1달러＝76엔'으로 엔고 최고치를 기록했지요.

1970년대 일본의 역사는 충격이 잇따랐습니다. 두 번의 닉슨 쇼크에 이어 또 다른 쇼크가 기다리고 있었습니다. 중국과의 국교를 정상화한 다나카 가쿠에이 총리는 교통망 확충, 공업 촉진, 지방 활성화 등을 내용으로 하는 '일본 열도 개조론'을 펼칩니다. 이 정책이 발표되자 전국의 땅값이 들썩이고 물가도 올랐지요. 그러던 와중에 1973년 중동에서 전쟁이 일어나 석유값이 급등합니다. 이른바 '오일 쇼크'입니다. 일본에서는 '미친 물가狂亂物價'라는 말이 유행할 정도로 물가가 계속 올랐지요. 결국 1974년 일본은 마이너스 성장을 기록합니다. 쇼크는 경제에만 한정되지 않았습니다. 1976년 전직 총리로서는 처음으로 다나카 가쿠에이가 체포되는 사건이 벌어집니다. 미국 항공기 제작사 록히드로부터 여객기 도입과 관련해서 뇌물을 받은 사실이 드러났기 때문이지요. 1979년에 제2차 오일 쇼크°가 일어났지만 일본은 이전의 경험을 바탕으로 비교적 순조롭게 극복해 냈고, 1980년대에는 경제 발전도 안정적인 궤도에 올라섭니다.

55년 체제의 붕괴와
연립 정권

1980년대 일본의 경제 규모는 더욱 커집니다. 일본은 이러한 경제력을 바탕으로 그동안 억눌러 왔던 보수적인 행보를 이어 갔지요. 나카소네 야스히로中曽根康弘 총리는 국방비를 늘리고, 1984년 현직 총리로서는 처음으로 야스쿠니 신사를 참배합니다. 한국과 중국의 반발이 거셌던 것은 두말할 필요도 없지요. 일본은 야스쿠니 신사가 국립묘지 역할을 하므로 총리가 참배해도 문제없다고 주장합니다. 하지만 야스쿠니 신사는 국립묘지가 아니라 전쟁 때 죽은 군인들을 신으로 모신 종교 시설입니다. '지도리가후치 전몰자 묘원'이라는, 종교 시설이 아닌 국립

● 제2차 오일 쇼크의 계기는 이란에서 일어난 국왕 독재 타도 혁명이었지만, 근본적 원인은 산유량이 크게 늘어나지 않은 데 있다. 이 시기에 석유값이 2배 이상 급등했다.

역사

065

도쿄 지요다 구에 위치한 야스쿠니 신사. 국립묘지가 아닌 종교 시설로서 전범의 위패도 있다. 그럼에도 일본 총리가 공식적으로 참배해 논란이 되고 있다.

묘지가 별도로 존재하지요. 게다가 야스쿠니 신사에는 도쿄 재판에서 A급 전범으로 판결받은 이들까지 신으로 모셔져 있습니다. 제2차 세계 대전 말기 일본에서 젊은이들에게 전쟁에 나가 돌아오지 말고 야스쿠니에서 만나자며 희생을 종용했던 것을 되돌아보면, 총리의 야스쿠니 신사 참배는 절대 있어서는 안 될 일입니다.

1989년에는 쇼와 천황이 죽습니다. 1926년 즉위했으니, 무려 62년간이나 천황의 자리에 있었던 것이지요. 뒤를 이어 아키히토 천황이 즉위하며 연호도 '쇼와'에서 '헤이세이'로 바뀝니다.

1990년대 들어서 일본 경제의 거품이 꺼지고 경제 성장이 더뎌집니다. 그와 더불어 자민당은 계속해서 뇌물 수수와 불법 정치 헌금 문제에 연루되며 지지를 잃지요. 1993년 선거에서 자민당은 과반수 득표에 실패합니다. 그 틈에 8개의 야당이 모여 일본신당의 당수 호소카와 모리히로細川護熙를 총리로 세웁니다. 이로써 38년간 계속해서 정권을 잡았던 자민당의 독주는 일단 막을 내립니다.

하지만 8개의 정당이 모인 연립 정권은 호소카와 총리의 비리와 내분으로 9개월 만에 해체됩니다. 그 와중에 연립 정권에 참여했던 사회당이 이번에는 자민당 쪽으로 옮겨 가지요. 자민당은 정권을 되찾기 위해서 수십 년간 대립하던 사회당과 연합하고, 총리 자리를 사회당 대표 무라야마 도미이치村山富市에게 양보합니다. 무라야마 총리는 보수적인 자민당과 손잡기 위해 미일 안보 조약 반대, 원자력 발전소 반대 등 사회당이 줄곧 주장해 오던 바를 포기해 버립니다. 결국 정체성이 흐릿해진 사회당은 무라야마 총리가 사퇴하자 1996년 50여 년의 역사를 뒤로하고 사라졌습니다. 그 이후로도 한동안 자민당은 여당의 자리를 지킵니다.

민주당 정권과
아베 정권

20세기에서 21세기로 넘어가던 무렵 동아시아에서는 화해 분위기가 확산되고, 각국 사이에 교류가 활발해졌습니다. 중국이 세계 무역 기구[WTO]에 가입하며 시장을 개방한 덕도 컸지요. 한류가 일본에서 인기를 얻으면서 한국에 호감을 품고 여행을 오는 일본인들이 급증했습니다. 2000년에 한국과 북한이 정상 회담을 갖자, 일본도 2002년 고이즈미 준이치로[小泉純一郎] 총리가 북한을 방문했지요. 2002년에는 한국과 일본이 월드컵을 공동 개최하기도 했고요. 하지만 이러한 화해 분위기에도 불구하고, 고이즈미 총리는 야스쿠니 신사 참배를 결행하여 한국과 중국의 반발을 샀습니다.

개인적으로 인기가 높았던 고이즈미 총리가 그만두자 자민당의 지지율은 다시 떨어집니다. 그리고 부의 양극화와 비정규직 증가가 문제시되는 와중에, 미국에서 발생한 서브프라임 모기지 사태*가 일본 경제에 큰 타격을 주지요. 결국 2009년 선거에서 야당인 민주당이 전체 의석수 중 3분의 2를 넘게 차지하며 정권을 잡습니다. 하토야마 유키오[鳩山由紀夫] 총리는 동아시아 공동체 구상을 발표하여 한중일의 평화와 교류를 중시하고, 야스쿠니 신사 참배를 반대하는 등 자민당과 다른 모습을 보였지요. 하지만 그 역시 정치 헌금 문제로 사직하고, 뒤를 이은 간 나오토[菅直人] 총

● 저소득층(서브 프라임)을 대상으로 주택 담보 대출(모기지)을 남발하던 미국의 초대형 금융 기관들이 부동산 가격 급락 뒤에 2007년 말부터 인쇄 도산하면서 전 세계 경제를 혼란에 빠뜨린 사태.

리도 동일본 대지진과 후쿠시마福島 원자력 발전소 사고라는 비상
사태를 맞아 이렇다 할 지도력을 보이지 못해서, 민주당은 결국
자민당에 다시 정권을 내줍니다. 2012년 총리가 된 자민당의 아
베 신조安倍晉三는 엔고를 완화하고, 경제를 활성화함으로써 여론
의 지지를 받고 있습니다. 하지만 그는 야스쿠니 신사를 참배하
고 일본은 중국을 침략하지 않았다고 발언하는 등, 편협한 역사
인식을 드러내어 한국과 중국으로부터 반발이 거셉니다.

1945년 이후 일본을 '전후戰後 일본'이라고 부릅니다. 일본은
'전후'란 전쟁 이후를 뜻하는데 전쟁이 끝난 지 수십 년이 지난
21세기를 전후라고 부르는 게 이상하다고 주장합니다. 하지만
전쟁에 대한 사과와 반성을 하기보다 책임을 회피하려고 하는 한
일본의 전후는 계속될 것입니다.

● 일본에도 우리나라의 단군 신화 같은 건국 신화가 있나요?

일본의 건국 신화는 『고지키古事記』와 『니혼쇼키日本書紀』라는 책에 나옵니다. 두 책이 쓰인 8세기 초는 한반도에서 고구려와 백제가 멸망하고, 일본도 당나라의 침입을 걱정하던 시기입니다. 외부 세력의 침입에 대비하여 내부 단결이 중요시되었고, 이를 위해 건국 신화부터 역사를 정리할 필요가 대두되었지요. 신화가 역사냐고요? 당시 통치자인 천황을 신성한 존재로 삼으려고 신화와 역사를 연결한 것입니다.

'다카마가하라高天原'라는 하늘 위에 신들이 사는 곳에서 남매 신인 이자나기와 이자나미가 지상으로 파견됩니다. 하늘과 땅을 연결하는 다리를 통해 내려오던 남매 신이 혼돈스러운 지상을 창으로 젓자 섬이 만들어졌지요. 지상으로 내려온 남매 신은 결혼하여 자식을 낳습니다. 자식들은 사람이 아니라 일본을 이루는 여러 섬과 신이었습니다. 그런데 이자나미가 불의 신을 낳다가 뜨거워서 죽고 맙니다.

이자나기는 죽어 버린 이자나미를 못 잊어 황천으로 찾으러 갑니다. 이자나미는 자신의 모습을 절대로 보지 말라고 했지만, 이자나기는 그녀를 봤다가 썩어서 흉측해진 모습에 놀라 지상으로 도망칩니다. 이자나기가 황천의 더러움을 털어 내려고 목욕을 하자 새로운 신들이 탄생합니다. 그

070

래서 신도에서는 더러움을 씻어 내는 행위를 가장 중요하게 여깁니다.

이자나기가 왼쪽 눈을 씻을 때 아마테라스가 태어나고, 코를 씻을 때 스사노오가 태어납니다. 시대가 바뀌어 아마테라스가 다카마가하라를, 스사노오는 지상을 다스립니다. 그러다 아마테라스의 손자인 니니기가 지상으로 내려와 스사노오의 자손으로부터 지배권을 물려받습니다. 니니기의 증손자가 바로 초대 천황이라 불리는 진무 천황입니다. 건국 신화의 구조가 이렇게 복잡한 것은 다양한 신을 모시던 세력들이 통합된 과정을 신화에 반영했기 때문이라고 하지요.

천황가는 아마테라스를 조상신으로 삼습니다. 일본인 전부가 아닌 천황가만 아마테라스의 자손이라는 점이 중요합니다. 일본의 건국 신화에는 평범한 인간이 어떻게 생겨났는지에 대한 설명이 없습니다. 천황이 일반인과 다르다고 하는 신격화에 건국 신화가 사용된 것이지요.

● 에도 시대의 하급 사무라이들은 중급과 상급으로 승진했나요?

사무라이를 상급, 중급, 하급으로 나누는 기준은 칼 솜씨나 학문 수준과 전혀 관계없는 가문의 차이였습니다. 따라서 사무라이에게는 승진이라는 개념이 없었지요. 아버지가 하급 사무라이면 아들도 평생 하급 사무라이로 살아야 했습니다.

에도 시대 이전에는 사무라이들이 각자 땅을 갖고 있었습니다. 하지만 에도 시대에 들어서는 모든 사무라이들이 다이묘가 있는 성 주변에 모여 살아야 했습니다. 사무라이가 농민들을 규합하여 독자적인 세력이 되는 것을 막으려는 정책이었죠. 사무라이에게는 관직이 주어졌고, 그에 따른 월급을 받았습니다.

사무라이는 신분의 상징으로서 길고 짧은 두 자루의 칼을 차고 다녔기 때문에 무관이라는 인상이 강합니다. 하지만 에도 시대 사무라이들은 문관과 무관으로 나뉘어 일을 했습니다. 상급 사무라이들은 번의 최고 관직에 올랐고, 다이묘 가문과 혼인 관계를 맺었지요. 중급 사무라이들은 지휘관이나 행정관 등을 맡았습니다. 중상급 사무라이는 매우 적었고, 대다수 사무라이들은 하급에 속했습니다. 하급 사무라이는 일반 병사, 서기, 연락책 등의 일을 맡았고, 다이묘의 식사에 독이 들었는지 먼저 먹어 보는 직책도 있었지요.

앞서 설명했듯, 에도 시대의 하급 사무라이들은 물가를 따라잡지 못하는 급료 탓에 생활이 궁핍했습니다. 사무라이 신분인 이상 장사를 하거나 농사를 지을 수는 없었기 때문에, 남의눈에 안 띄게 집에서 종이우산을 만들거나 동네 아이들에게 글을 가르치기도 했지요. 하지만 조상 대대로 이어진 하급 사무라이라는 굴레에서 벗어나는 길이 전혀 없지는 않았습니다. 중급이나 상급 사무라이 가문에 데릴사위 또는 양자로 들어가는 것이었죠.

- 우리나라 지폐에는 이황, 이이, 세종 대왕, 신사임당 등 위인이 그려져 있는데 일본 지폐는 어떤가요?

일본에는 1000엔, 2000엔, 5000엔, 1만 엔 등 네 종류 지폐가 있습니다. 1000엔 지폐에는 의사이자 세균학자인 노구치 히데요野口英世가 그려져 있지요. 노구치 히데요는 한 살 때 입은 화상으로 왼손 손가락이 모두 붙어 버렸습니다. 초등학생 때 동급생과 선생님들이 모금해 준 돈으로 수술을 받아 조금이나마 손가락을 움직일 수 있게 된 노구치 히데요는 의사가 되기로 결심합니다. 의사가 된 뒤 전염병 연구에 평생을 바쳤고, 노벨상 후보에도 몇 차례 올랐지요. 수상 가능성이 높았지만 모기가 옮기는 황열병을 연구하러 아프리카 가나에 갔다가 자신이 그 병에 걸려 죽고 말았습니다.

2000엔 지폐에는 인물이 아니라 오키나와 현에 있던 류큐 왕국의 왕궁인 슈리 성의 정문, 슈레이몬守禮門이 그려져 있습니다. 2000엔 지폐는 2000년에 오키나와에서 열린 세계 정상 회담을 기념해서 만들어졌습니다. 기념 지폐는 아니지만 그다지 사용되지 않아서 현재는 유통만 될 뿐 새로이 제조되고 있지는 않습니다.

5000엔 지폐에는 여성 소설가 히구치 이치요樋口一葉가 그려져 있습니다. 1872년에 태어난 히구치 이치요는 생활비를 벌기 위해서 20세부터 소설을 쓰기 시작합니다. 그녀는 여성을 주인공으로 하여 당시 시대상을 잘 반영하는 작품들을 발표했지만, 25세라는 젊은 나이에 폐결핵으로 숨을 거둡니다. 대표작으로 「섣달그믐」, 「탁류」, 「키재기」 등이 있지요.

1만 엔 지폐의 인물은 후쿠자와 유키치福澤諭吉입니다. 메이지 시대를 대표하는 사상가이자 교육자이지요. 그는 메이지 유신을 거치면서 일본이 근대 국가로 거듭날 수 있도록 다양한 방면에서 활약했습니다. 일본 문화와 서양 문화를 비교한 『문명론의 개략』, 공부의 필요성을 역설한 『학문의 권장』 등 격동기를 살아가는 일본인에게 길을 제시하는 수많은 책을 썼고, 게이오기주쿠대학을 세웠으며, 신문도 창간했습니다.

재해와 공존하며

*02 》

살아오다

지형과 기후
수천의 섬이 모인 나라

섬의 나라

일본 국토는 홋카이도北海道, 혼슈本州, 시코쿠四國, 규
슈九州로 불리는 네 개의 큰 섬과 6,800여 개의 작은 섬으로 이루
어져 있습니다. 네 개의 큰 섬들은 남북으로 활처럼 비스듬히 늘
어서 있지요. 북쪽 홋카이도는 러시아 남부와 위도가 같고, 남쪽
오키나와는 타이완과 가깝습니다. 이렇다 보니 일본의 기후를 한
마디로 정리하기는 매우 어렵습니다. 홋카이도는 1년 중 5개월은
기온이 영하로 떨어지는 반면, 오키나와는 겨울에도 평균 기온이
20도가 넘기 때문이죠.

지리

눈 덮인 홋카이도(위)에서 열대 지방 같은 오키나와(아래)까지, 일본의 기후는 지역에 따라 천차만별이다.

일본은 남북뿐 아니라 동서 간 기후 차이도 큽니다. 특히 겨울에 차이가 많이 나지요. 동해에 접한 서쪽 지역은 기온이 낮고 눈이 많이 옵니다. 태평양과 접한 동쪽 지역은 비교적 따뜻하고 눈이 그다지 내리지 않지요. "긴 터널을 빠져나오면 설국雪國이었다."라는, 노벨 문학상을 받은 가와바타 야스나리川端康成의 소설 『설국』의 첫 문장처럼 동서를 연결하는 터널을 사이에 두고 기후가 바뀌는 지역이 있을 정도입니다. 그 이유는 혼슈 가운데에 해발 2,000미터에서 3,000미터에 달하는 긴 산맥이 쭉 이어져 있기 때문입니다. 시베리아에서 날아온 차가운 공기가 산맥을 넘지 못하고 서쪽 지역에 눈을 뿌리는 것이죠.

일본 전국에 영향을 끼치는 기후 현상으로는 태풍이 있습니다. 태풍은 주로 7월에서 9월 사이에 발생합니다. 매년 10개 정도의 태풍이 일본에 다가오고 그중에서 2, 3개가 상륙합니다. 2004년에는 태풍이 10개나 상륙하여 큰 피해를 입히기도 했지요. 보통 태풍은 가장 남쪽의 오키나와에 상륙하여 북동쪽으로 홋카이도를 향해서 올라갑니다. 일본 전역을 훑듯이 지나가기 때문에 피해가 클 수밖에 없습니다.

산의 나라

일본의 국토 면적은 약 37만 8000제곱킬로미터입니다. 남한이 약 10만 제곱킬로미터이므로, 일본은 우리나라보다

일본에서 가장 높은 후지 산. 예부터 신앙의 대상이었고, 수많은 예술가에게 영감을 주었다.

거의 4배가 크고, 독일이나 베트남과는 면적이 비슷합니다. 일본 국토의 70퍼센트 이상이 산지이며 해발 3,000미터가 넘는 산이 21개나 있습니다. 일본에서 가장 높은 산은 후지富士 산으로 해발 3,776미터입니다. 후지 산은 예부터 영험한 산이라고 생각되어 신앙의 대상으로 받들어져 왔습니다. 에도 시대에 후지 산을 참배하는 여행이 유행했고, 직접 가지 못하는 사람들은 조그만 둔 덕이나 동네 뒷산을 후지 산이라고 부르며 참배하기도 했지요. 대중목욕탕의 벽화로 가장 많이 그려진 것도 후지 산입니다. 탕에 몸을 담근 사람에게 후지 산을 바라보는 듯한 느낌을 주는 것이죠. 후지 산은 오늘날에도 행운을 가져다주는 존재로 여겨집니다. 꿈에 나오면 가장 좋은 것으로도 후지 산을 꼽지요. 그래서인지 후지라는 명칭은 은행, 방송국, 잡지, 가게 등 수많은 곳에 쓰이고 있습니다. 우리나라에 '부사富士'라고 알려진 사과 품종의 이름도 바로 후지 산에서 따온 것입니다.

일본은 전반적으로 산지가 높아서 지형의 경사가 급하고, 그 탓에 강도 빠르게 흐릅니다. 그래서 강의 길이가 비교적 짧지요. 남한에서 가장 긴 강은 낙동강으로 길이는 약 510킬로미터입니다. 두 번째로 긴 강은 한강이고 494킬로미터이지요. 한반도 전체에서는 압록강이 803킬로미터로 가장 깁니다. 이에 비해 일본에서 가장 긴 강은 시나노信濃 강으로 367킬로미터입니다. 국토 면적을 고려하면 일본의 강이 그다지 길지 않음을 알 수 있지요. 시나노 강은 동계 올림픽이 열렸던 나가노長野 현의 고산 지대에서 시작하여 이웃하는 니가타新潟 현을 가로지릅니다. 시나노 강 유역에는 드넓은 니가타 평야가 펼쳐져 있는데, 이곳이 일본 최대의 벼농사 지역입니다. 니가타 현 사람들이 자기네 쌀에 갖는 자부심은 대단합니다. 제가 아는 니가타 출신 일본인은 홋카이도 대학에 입학하여 자취를 하게 되었는데, 부모님이 다른 것도 아닌 쌀만은 계속 부쳐 주었다고 합니다.

재해
위기만이 아닌 기회로

　　　　　2011년 3월 11일 혼슈 동북 지방으로부터 130킬로미터 떨어진 태평양 해저에서 진도 9.0이라는, 일본 관측 사상 최대 규모의 지진이 발생했습니다. 대지진은 동일본 전역을 강하게 흔들었고, 40미터를 넘는 해일이 해안 마을을 덮쳤습니다. 바다에서 육지로 120톤급 유람선이 떠밀려 와 건물 지붕 위에 얹히기도 했고, 거꾸로 육지에서 바다로 수없이 많은 집과 자동차가 떠내려가기도 했습니다. 게다가 이 지진으로 후쿠시마 현에

동일본 대지진으로 밀어닥친 해일에 대부분의 집이 떠내려가 버린 해안 마을.

있는 원자력 발전소가 고장 나서 아직까지도 방사능을 방출하고
있지요. 사망자 1만 5,800여 명, 부상자 6,100여 명, 행방불명자
2,500여 명, 이재민 15만여 명에 달하는 어마어마한 자연 재해가
발생한 것입니다.

대지진에서 딱 1달이 지난 뒤에 저는 도쿄에 가 보았습니다. 당
시 도쿄는 여느 때와 전혀 달랐습니다. 한마디로 어둡고 움직임
이 없었지요. 전력이 부족하여 에스컬레이터가 멈춰 선 곳이 많
았고, 지하철 운행 횟수도 줄었습니다. 지하철 차량 안은 형광등
을 중간중간 빼 버려서 책 읽기가 불편할 정도였지요. 밤이 되니
간판의 불을 켜지 못해서 영업을 하고 있는지 아닌지 알 수 없는

가게들이 많았고, 거리의 가로등도 띄엄띄엄 켜져 있었습니다. 생수와 휴지는 품절이 잦았고, 줄을 서서 기다려야 했던 음식점 앞도 한산했습니다. 텔레비전을 켜면 너무나도 가슴 아픈 사연들이 끝없이 소개되었습니다.

학생들이 사라진 학교에 출근하여 하루 종일 운동장에 쌓여 있는 쓰레기를 치우고는 퇴근길에 시체 보관소에 들러 혹시 아들이 발견되었나 찾아보는 초등학교[●] 선생님, 갓난아기를 장모님에게 맡기고 출근했다가 장모님과 아기가 모두 해일에 휩쓸려 버린 맞벌이 부부, 같은 반 친구들이 절반 이상 행방불명된 상태로 졸업식을 치르는 초등학생들 등 눈물 없이는 볼 수 없는 사연들이 매일 새로이 소개되었습니다.

문제는 동일본 대지진이 끝이 아니라는 점입니다. 역사적으로 동일본 대지진 같은 대규모 지진이 일어나면 같은 곳에서 향후 몇십 년간은 계속해서 작지 않은 지진이 잇따랐습니다. 따라서 동일본에 다시 큰 지진이 발생할 가능성이 높습니다. 그리고 약 70년 주기로 일어나고 있는 수도권의 대지진이 예고되었고, 300년에 한 번 일어난다는 서일본 대지진도 가능성이 있지요. 게다가 300년 전 분화했던 후지 산이 다시 분화할 가능성도 매우 높아졌다고 합니다. 도대체 왜 일본에는 이처럼 지진과 화산 폭발이 잦은 것일까요?

지진과
화산의 나라

지진은 땅과 땅이 어긋나 있는 곳에서 일어납니다. 땅은 안정되어 보이지만 사실 계속해서 움직이고 있습니다. 그러한 땅의 가장 큰 단위는 판plate입니다. 예를 들어 한국부터 서쪽으로 유럽까지는 유라시아 판 위에 있습니다. 러시아 동쪽과 미국은 북아메리카 판 위에 있고, 남미는 남아메리카 판, 인도와 오스트레일리아는 인도-오스트레일리아 판, 아프리카 대륙은 아프리카 판 위에 있지요.

일본은 어느 하나의 판 위가 아니라 유라시아 판, 북아메리카 판, 태평양 판, 그리고 필리핀 판 등 무려 4개의 판에 걸쳐 있습니다. 동일본 대지진이 일어난 곳은 바로 북아메리카 판과 태평양 판의 접점이었습니다. 태평양 판이 1년에 8센티미터씩 서쪽으로 움직이며 북아메리카 판을 밀어내는 상황에서, 버티지 못한 북아메리카 판이 반발력을 발휘하는 바람에 큰 지진이 일어난 것이죠. 특히 도쿄는 북아메리카 판, 태평양 판, 필리핀 판 등 3개 판 위에 있습니다. 도쿄에 큰 지진이 주기적으로 일어나는 것도 이 때문입니다. 화산 활동도 판의 움직임과 관련이 깊습니다. 판이 활발하게 이동하는 곳에 위치한 화산이 활화산이 되기 때문이죠. 일본 전역에 활화산이 무려 110개나 있습니다.

지리

일본인과
재해

일본인은 지진이 언제 일어날지 모르고 화산이 언제 터질지 모르는 곳에서 살고 있는 셈입니다. 불안하지 않을까요? 이에 대해서 소설가 무라카미 하루키村上春樹가 동일본 대지진이 일어난 직후에 스페인에서 문학상을 받으며 말한 소감을 조금 인용해 보겠습니다.

"이것이 끝이 아니라 다른 대지진이 가까운 장래에 틀림없이 찾아온다고 합니다. 아마도 20~30년 사이에, 진도 8 정도의 대형 지진이 도쿄 주변을 덮칠 것이라고 많은 학자들이 예측합니다. 10년 후일지도 모르고, 아니면 내일 오후일지도 모릅니다. 만약 도쿄처럼 밀집된 거대 도시를 직하直下형 지진®이 덮친다면, 어느 정도 피해가 일어날지는 아무도 정확히 모릅니다. 그럼에도 불구하고 도쿄에서는 1,300만 명의 사람들이 지금도 평범한 나날을 보내고 있습니다. 사람들은 변함없이 만원 지하철을 타고 출근하고, 고층 빌딩에서 일합니다. 이번 지진 후에 도쿄의 인구가 줄었다는 이야기를 들은 적은 없습니다. '왜죠?' 당신은 그렇게 물을지 모릅니다. '어째서 그렇게 무서운 장소에서 그 정도로 많은 사람들이 당연하다는 듯이 생활할 수 있지요? 공포 때문에 머리가 이상해지지 않나요?' 등등 말이죠."

● 육지 또는 가까운 바다의 얕은 지하에서 발생하는 지진. 좌우가 아닌 상하 진동이 심해서 규모가 작아도 피해가 커질 가능성이 높다.

무라카미 하루키는 '일본인'이라는 단어에 자연재해와 함께 살아간다는 의미가 포함되어 있다고 말합니다. 일본인인 이상 재해로부터 벗어날 수 없으니, 재해란 늘 있는 일이라고 받아들일 수밖에 없다는 것이죠.

그렇다고 일본 사람들이 아예 체념해 버렸다고 볼 수는 없습니다. 재해가 잦은 만큼 이를 극복해 온 경험도 많기 때문에 재해를

메기가 지진을 일으키면 경기가 부흥된다는 내용을 담은 에도 시대 그림. 당시 서민들은 이런 그림에서 위안을 얻었다.

대하는 태도가 오히려 적극적이지요. 이러한 태도를 잘 보여 주는 사례가 있습니다. 에도 시대 서민들이 즐겼던 그림 중에는 땅속에 사는 거대한 메기가 꿈틀거려 지진을 일으키는 것이 있습니다. 서민들은 메기가 움직인 뒤에는 무너진 집을 다시 세우는 등 일자리가 늘어나서 경기가 좋아진다며 반기기도 했습니다. 심지어 어떤 그림에는 메기가 돈을 뿌리자, 즉 지진이 일어나자 모두 다 춤을 추는 장면이 그려져 있기도 하지요. 끔찍한 피해를 일으

키는 대지진에 이러한 그림을 예로 드는 것이 부적절해 보일지 모르지만, 재해와 마주하는 일본인들의 적극적 태도를 문화적 전통으로서 이해해 보려는 것임을 염두에 두기 바랍니다.

　재해를 대하는 일본인의 태도는 공식 용어로써 '재난 복구'가 아니라, '재난 부흥'이 쓰인다는 사실에서도 엿볼 수 있습니다. '부흥'이라는 말을 선호하는 데에는 '복구', 즉 단순히 피해를 입기 이전 상태로 돌아가기보다는, 재해를 기회 삼아 한 발자국 더 나아가려는 의도가 깔려 있습니다. 일본 정부가 동일본 대지진의 피해에서 벗어나기 위하여 만든 기관이 '부흥청復興廳'인 것도 바로 그 때문입니다. 자연재해가 많은 일본이기에 보다 적극적으로 대처하는 인식이 문화적 전통으로서 면면히 전해 내려왔다는 것을 확인할 수 있지요.

행정 구역과 지방 자치제

일본인도 잘 모르는 복잡함

행정 구역

일본의 국토는 도도부현都道府縣이라 불리는 47개의 큰 행정 구역으로 나뉩니다. 도都는 하나밖에 없으며 일본의 수도인 도쿄 도를 가리킵니다. 에도 막부의 중심지였던 에도가 메이지 유신 이후 도쿄로 이름이 바뀌었지요. 도쿄 도는 원래 도쿄 부府와 도쿄 시市로 나뉘어 있었습니다. 도쿄 시는 현재 지하철이 다니는 23개의 특별구°가 있는 지역으로, 보통 도쿄라고 하면 이곳을 가리킵니다. 도쿄 부와 도쿄 시는 전쟁 중이던 1943년에 수도의 힘을 키우기 위하여 통합되었습니다. 그리고 도쿄 도가 수

● 특별구는 도쿄 도에만 있는 행정 구역으로 다른 도시의 구에 비해 자치권의 수준이 높아서 독립된 도시에 가깝게 기능한다.

전통 시대의 흔적이 많은 교토는 일본에서 가장 고풍스러운 도시로 손꼽힌다.

원지를 확보하기 위하여 서쪽의 산간 지역도 편입시켰기 때문에, 도쿄 도의 서쪽 끝에 가면 인적이 드문 울창한 산림을 만나게 됩니다. 심지어 해안에서 1,000킬로미터 떨어진 태평양 한가운데의 오가사와라 제도小笠原諸島도 행정 구역상 도쿄 도에 속하지요. 그러니 도쿄라고 해서 사람이 바글바글한 세계적 규모의 대도시만 연상해서는 안 되겠습니다.

또 다른 도道는 홋카이도입니다. 도청 소재지인 삿포로札幌에서 열리는 눈 축제, 각지에 있는 스키장, 그리고 신선한 수산물이 유명하지요. 부府는 두 곳으로 교토 부와 오사카 부가 있습니다. 교토 부에는 교토 시가 있고, 흔히 말하는 교토는 교토 시를 가리

오사카 번화가의 야경. 일본에서 가장 떠들썩하고 활기찬 도시라고 한다.

킵니다. '팔백팔사八百八寺'의 도시라고 불릴 정도로 교토에는 유서 깊은 사찰이 많습니다. 여기서 '팔백팔'이란 구체적인 숫자가 아니라, 헤아릴 수 없을 정도로 많다는 의미입니다. 실제로는 그 두 배인 1,600여 개의 절이 있다고 하지요. 요즘 일본의 젊은이들은 교토를 '편의점보다 절이 많은 도시'라고 말합니다.

교토 부 바로 서쪽에 붙어 있는 오사카 부에도 오사카 시가 있습니다. 오사카는 에도 시대에 상업과 물류의 중심지 역할을 하여 '일본의 부엌'이라 불리기도 했지요. 음식 문화가 발달해서 동그란 밀가루 반죽에 문어를 넣어 구운 다코야키와 회전 스시, 인스턴트 라면 등이 오사카에서 발명되었습니다.

지방 자치 단체

　　도쿄 도, 교토 부, 오사카 부, 홋카이도를 제외한 지역은 43개의 현縣으로 나뉘어 있습니다. 43개는 좀 많지 않느냐고요? 그래서인지 일본 사람들도 어느 현이 어디에 있는지 헷갈려합니다. 메이지 유신 무렵, 에도 시대부터 있던 260여 개의 번과 막부의 직할지들이 300여 개의 현으로 개편되었습니다. 이후 통폐합이 계속 이루어져 43개가 되었으니, 지금은 외려 많이 줄었다고 해야겠지요. 행정적 편의보다는 에도 시대의 번을 토대로 했기 때문에 현들의 면적이 천차만별입니다. 가장 큰 이와테巌手 현은 가장 작은 가가와香川 현보다 무려 8배나 넓지요.

　일본은 지방 자치제를 1947년부터 시행했습니다. 도도부현은 광역 자치 단체로, 우리나라의 특별시와 광역시, 그리고 각 도에 해당합니다. 우리나라의 기초 자치 단체인 시군구와 같은 것은 시정촌市町村입니다. 지방 자치를 효율적으로 하기 위하여 43개 현을 10개 정도로 통합하자는 주장과 더불어 시정촌 또한 수를 줄이자는 의견이 계속 나오고 있습니다. 얼마나 많기에 그러느냐고요? 우리나라의 기초 자치 단체는 228개이지만, 일본은 무려 1,718개입니다. 이것도 많이 줄인 것입니다. 메이지 유신 때에는 1만 6,000개였으니까요. 광역이든 기초든 모든 지방 자치 단체는 선거를 통해서 단체장과 지방 의회 의원을 뽑습니다. 일본에는 지방 의회 의원이 3만 5,000여 명 있습니다. 모든 지방 의회 의원이 월급을 받기 때문에 규모가 작은 자치 단체는 의회 구성 자체가 재정적으로 부담이 되기도 하지요.

지방 의회의 권한도 우리나라와 다릅니다. 일본에서는 단체장의 행정이 잘못되었다고 판단되면, 지방 의회가 단체장을 불신임할 수 있습니다. 즉 단체장을 자리에서 물러나게 할 수 있는 것이죠. 불신임을 받은 단체장은 의회를 해산하고 새로이 선거를 치르게 됩니다. 그러면 주민들은 단체장과 지방 의회 중 자신이 지지하는 쪽에 투표함으로써 의견을 드러냅니다. 반면 우리나라의 지방 의회에는 단체장에 대한 불신임 권한이 없습니다. 그럼 지방 의회와 단체장이 대립하면 어떻게 해결하느냐고요? 상급 기관이나 정부가 조정하기도 하고, 사법적인 해결법도 있습니다. 하지만 이는 모두 다른 기관의 힘을 빌리는 것이므로 자치제라는 본래의 취지에서 벗어난 해결책이 되겠지요.

지자체 '파산'과
고향 납세

홋카이도의 유바리^{夕張} 시는 탄광 마을로 번성했지만, 탄광이 폐쇄된 뒤로는 전국에서 가장 급격하게 인구가 줄어 버린 도시가 되었습니다. 유바리 시는 관광 도시로 변신을 꾀했으나, 무리한 사업 진행으로 재정이 악화되어 2007년에 결국 파산하고 맙니다. 파산이라니, 지자체가 회사처럼 없어지는 걸까요? 아닙니다. 파산이라고 해도 지자체가 없어지지는 않습니다. 그 대신 자치권을 빼앗기지요. 중앙 정부가 해당 지자체에 보조금을 주고 재정을 직접 관리합니다. 공식 명칭은 '재정 건전화 제도'이지만, 자치 단체가 자치권을 빼앗기는 건 회사의 파산과 마찬가지라 하여 '지자체 파산 제도'라고도 불립니다. 우리나라도 지자체가 공무원 월급을 1개월 이상 지급하지 못하거나, 빚을 갚지 못하는 경우 파산을 선고하고 자치권을 박탈하는 지자체 파산 제도가 2015년 국회를 통과했습니다.

사람들이 대도시로 떠나는 탓에 인구가 계속 줄어들어 골머리를 앓던 일본의 소규모 지자체들은 유바리 시의 파산에 큰 충격을 받았습니다. 이러한 사태를 막기 위해 2008년 '고향 납세 제도'가 생겼습니다. 고향 납세란 자신이 내야 할 주민세를 현재 살고 있는 지역이 아닌 다른 지자체에 납부할 수 있는 제도입니다. 이렇게 하면 고향으로 주민세를 납부하는 사람이 많을 것으로 예상되어 고향 납세라고 이름 붙였지요.

각 지자체들은 다른 지역에서 세금을 납부한 사람들에게 농산물이나 술, 공예품 등 자기네 특산품을 답례로 보냈습니다. 그러자 고향이 아니라 답례품이 좋은 지자체에 세금을 납부하는 사람들이 늘어났습니다. 지자체끼리 더 많은 세금을 유치하기 위해 답례품 경쟁을 벌였지요. 고향 납세 제도가 꼭 필요한지 의문시되던 와중에 동일본 대지진이 일어났습니다. 사람들은 고향 납세 제도를 이용하여 큰 피해를 입은 지자체에 세금을 몰아주었습니다. 고향 납세 제도에 재해 복구를 위한 성금 모금이라는, 생각지 못했던 기능이 있었던 것입니다. 이후 이 제도에 대한 비판은 사라졌고, 자연재해가 일어날 때마다 고향 납세로 재해 지역에 세금이 몰리고 있다는 뉴스가 나오게 되었습니다.

교통망

섬과 섬을 잇다

<u>섬 사이를 잇는</u>
<u>교통망과 신칸센</u>

　　　　　일본을 이루는 4개의 큰 섬을 연결하는 교통수단에는 예부터 배가 있었습니다. 1920년대에는 민간 항공사가 생겨 하늘을 날아 바다를 건널 수 있게 되었지요. 그럼 자동차나 기차로 바다를 건널 수 있게 된 때는 언제일까요? 가장 먼저 연결된 섬은 혼슈와 규슈인데, 전쟁이 한창이던 1942년에 해저로 기차가 다니는 간몬關門 터널이 개통되었습니다. 앞서 설명했듯 1931년에 일본은 만주 사변을 일으키고 본격적으로 중국을 침략

합니다. 이에 따라 일본 국내에서 서쪽으로 운송되는 물량이 급증하자 해저 터널 공사가 결정된 것이죠. 혼슈와 규슈 사이에 다리가 건설된 것은 훨씬 훗날로 31년이 지난 1973년입니다. 혼슈와 홋카이도, 그리고 혼슈와 시코쿠가 연결된 것은 더 늦습니다. 1988년에 혼슈와 홋카이도 사이에 해저 터널이 뚫렸고, 같은 해에 혼슈와 시코쿠가 다리로 이어졌지요.

혼슈와 홋카이도를 잇는 세이칸靑函 터널은 길이가 53.9킬로미터에 달하는, 세계에서 두 번째로 긴 철도 터널입니다. 개통했을 때는 일반 열차만 이 터널을 다녔지만, 2016년부터 일본의 고속 철도인 신칸센도 통과할 수 있게 되었지요. 이로써 신칸센은 규슈 최남단부터 홋카이도까지 이어졌습니다. 하지만 규슈부터 홋카이도까지 신칸센으로 한 번에 갈 수는 없고, 두 번은 갈아타야 합니다.

규슈부터 홋카이도까지 연결했다지만 시코쿠는 빠뜨린 것 아니냐고요? 맞습니다. 시코쿠에는 신칸센도 없고, 혼슈와 연결된 해저 터널도 없습니다. 현재로선 건설 계획도 전혀 없지요. 왜냐고요? 지도를 보면 알 수 있듯이 홋카이도부터 규슈까지 가는 데 시코쿠를 거칠 필요가 없기 때문입니다. 시코쿠에 산업이 크게 발달했다면 노선이 바뀌었겠죠. 하지만 애초에 이러한 지리적 한계 때문에 시코쿠에 산업이 발달하지 못한 것이기도 해서 앞으로도 시코쿠는 교통망에서 소외될 가능성이 높습니다.

지리

세계 최초로 상용화한 고속 철도인 신칸센은 높은 안정성 덕에 일본 사람들이 가장 신뢰하는 교통 수단이다.

흔히 일본의 철도 하면 신칸센을 떠올리는 사람들이 많습니다. 그런데 신칸센이란 무슨 의미일까요? 주요한 길에 놓은 철도를 간선幹線이라고 부릅니다. 간선을 고속 철도로 바꾸면서 '새로운 간선'이라는 뜻으로 신간선新幹線이라 이름 붙였는데, 이를 일본에 서는 신칸센으로 발음합니다. 신칸센은 도쿄 올림픽을 열흘 앞둔 1964년 10월 1일 개통했습니다. 맨 처음 개통된 곳은 도쿄와 오사카 구간이었지요. 일본에는 지진이 많음에도 불구하고 승객이 열차 사고 때문에 사망한 적은 한 번도 없을 정도로 신칸센은 매우 높은 안전성을 자랑합니다.

철도와
철도 회사

　　　　　일본에서 길을 건널 때 사고가 날 뻔한 적이 많습니다. 일본과 우리나라는 자동차가 다니는 방향이 반대인 것을 깜빡 잊고 길을 건넜기 때문이죠. 길을 건널 때 한국은 왼쪽을 먼저 살펴야 하지만, 일본은 오른쪽을 봐야 합니다. 자동차의 운전대도 일본은 오른쪽에 있지요. 보통 영국과 영국의 식민지였던 나라들에서 차들이 좌측통행을 하는데, 그렇지 않았던 일본은 왜 이럴까요? 그 이유는 철도와 관련이 있습니다. 일본에서 철도를 처음 놓을 때 영국의 도움을 받았기 때문입니다. 1872년 도쿄와 요코하마를 잇는 노선이 개통되었는데, 이 철도는 영국의 자본과 기술력으로 만들어졌습니다. 이후 일본은 자동차 도로를 정비할 때도 철도의 운행 방향을 기준으로 삼았습니다. 그렇다면 일제 강점기에는 우리나라의 도로도 통행 방향이 지금과 달랐을까요? 그렇습니다. 일제 강점기에는 차들이 지금과 정반대로 좌측통행을 했습니다. 이 시대를 배경으로 한 영화나 드라마를 볼 때 잘 살펴봅시다. 이런 부분까지 세심하게 고증했는지 말이죠.

　일찍부터 발달한 일본의 철도는 총길이가 2만 7,000킬로미터를 넘습니다. 우리나라의 철도가 3,500킬로미터이니까, 8배에 가까운 셈이죠. 우리나라 철도는 전부 국가가 관리하지만, 일본에는 국가가 만들어 운영하는 국철國鐵과 더불어 민간 회사가 부설한

일본 교통망의 중심인 도쿄 역. 하루 3,000대의 기차가 오가고, 수십만 명의 사람들이 이용한다.

사철私鐵도 많습니다. 국철은 회사 크기가 너무 비대해지고 적자가 37조 엔에 달해서 1987년 민영화가 이루어졌습니다. 현재는 지역별로 7개의 회사로 나뉘었는데, 이 회사들을 통틀어 'Japan Railway', 줄여서 'JR'이라 부릅니다.

JR과 사철은 경쟁 관계입니다. 같은 곳을 가려 해도 JR을 이용할지 사철을 이용할지 따져야 하는 경우가 많지요. 어느 쪽을 타느냐에 따라 요금은 물론 소요 시간도 다르기 때문입니다. 가령 도쿄 동쪽에 위치한 나리타 국제 공항에 도착해서 도쿄 중심가로 간다고 합시다. 열차를 탄다면, 우선 JR과 사철인 게이세이 전철 중 어느 쪽을 이용할지부터 정해야 합니다. 뭐 그리 복잡하냐고요? 더 심한 곳도 있습니다. 요코하마 역에는 무려 6개의 철도 회사가 모여 있습니다. 그러니까 단순히 요코하마 역에서 보자고 약속을 했다면 절대 만날 수 없습니다. 어느 철도 회사의 요코하마 역인지를 모르면 안 되죠.

사철과
프로 야구

　　　　사철을 운영하는 회사는 일본 전역에 200개가 넘습니다. 그중에서 대도시 주변 노선을 가지고 있어 규모가 큰 철도 회사는 16개 정도입니다. 사철은 승객을 유치하기 위해서 다양한 전략을 펼쳐 왔습니다. 그렇게 시작한 사업의 규모가 본래의 철도업보다 커지기도 했지요.

　대표적인 사철 회사로 1910년부터 철도 사업을 시작한 한큐 전철이 있습니다. 한큐 전철은 오사카를 본거지 삼아 고베神戸와 교토, 그리고 다카라즈카寶塚 시를 연결하는 노선을 운영하고 있습니다. 1929년, 한큐 전철은 세계 최초로 역 건물에 백화점을 세웁니다. 그때까지 백화점에 가려는 사람들은 시간을 따로 내야 했지만, 역과 백화점이 붙어 있으면 오고 가며 들를 수 있다는 점을 노린 것입니다. 또한 한큐 전철은 승객을 끌어들이기 위하여 다카라즈카 시에 온천을 개발하고 다카라즈카 가극단을 창설합니다. 다카라즈카 가극단은 가부키와 반대로 여성만이 무대에 올라 남성과 여성 역을 전부 연기합니다. 다카라즈카 가극단의 인기가 많아지자 도쿄에도 극장을 설립했지요. 한큐 전철은 도쿄의 다카라즈카 극장을 기반으로 영화 사업에도 진출합니다. 그렇게 차린 영화사가 현재 일본에서 가장 규모가 큰 도호^{東寶} 영화사입니다.

승객 유치를 위한 한큐 전철의 노력은 여기서 그치지 않았습니다. 1936년에는 프로 야구팀까지 창설했지요. 한큐 전철이 1988년까지 운영했던 이 야구팀의 현재 이름은 오릭스 버펄로스입니다. 일본 프로 야구는 예전부터 철도 회사들과 관련이 깊었습니다. 팬들이 가장 열정적이기로 유명한 한신 타이거즈의 모기업도 한신 전철이지요. 세이부 라이온스 역시 세이부 철도가 운영하고 있습니다. 현재는 2개 팀만 그렇지만, 한때는 일본 프로 야구의 12개 팀 중 절반을 철도 회사들이 소유하기도 했습니다. 니혼햄 파이터스는 도큐 전철, 소프트뱅크 호크스는 난카이 전철이 모기업이었고, 심지어 JR로 나뉘기 이전에는 국철도 야쿠르트 스왈로스를 운영했지요.

지역 차별
서로를 가르는 미묘한 기준

　　　뉴스를 보면 이따금씩 동일본과 서일본이라는 말이
나오는데, 어떻게 구분하는 것일까요? 그 경계선이 확실히 정해
져 있지는 않습니다. 보통 도쿄에서 서쪽으로 260킬로미터 떨어
진 나고야 시가 있는 아이치愛知 현부터 동쪽 지역을 동일본이라
부릅니다. 일본 사람들은 동일본과 서일본을 비교하기 좋아하고,
서로 문화적으로 다르다고 말합니다. 그중에서도 도쿄 도와 인접
한 현으로 이루어진 간토關東 지역과, 오사카 부와 인접한 현으로

지리

이루어진 간사이^{關西} 지역을 대립시키기 좋아하지요. 역사적으로 보면 정치적 중심지가 처음에는 간사이였다가 간토로 옮겼고, 다시 간사이로 왔다가 지금은 간토로 돌아가 있습니다.

간토와 간사이 사람들의 차이는 일상생활의 행동에서도 드러납니다. 에스컬레이터를 탈 때 간토 사람은 오른쪽으로 걸어갈 수 있도록 왼쪽에 서 있습니다. 그런데 간사이 지역에서는 반대로 오른쪽에 서 있는 것이 예의이지요. 음식 문화도 다릅니다. 장어만 해도 사무라이 문화가 강한 간토는 배를 가르면 할복을 떠올린다고 하여 등을 갈라 요리합니다. 반면 간사이는 배를 가르지요. 우리나라에서 생청국장으로 번역하는 낫토는 간토 음식으로 알려져 있는데, 간사이 사람들은 즐겨 먹지 않습니다. 우동의 국물도 간토는 진한 간장으로 맛을 내지만, 간사이는 옅은 간장을 씁니다. 그래서 일본의 우동집에서는 간토식과 간사이식 중 어느 쪽으로 먹을 건지를 물어볼 때가 많지요.

그런데 후쿠시마 원자력 발전소 사고로 동일본과 서일본을 나누는 새로운 경계가 드러났습니다. 바로 전기 주파수에 따른 구분입니다. 원자력 발전소 가동이 갑자기 중지되면서 동일본은 전력 부족 때문에 교통 신호기까지 꺼야 하는 심각한 상황에 빠졌습니다. 하지만 서일본은 전력에 여유가 있어서 일상생활에 아무런 불편이 없었지요. 전기 주파수를 기준으로 보면 아이치 현은 동일본이 아니라 서일본에 포함되어 전력난을 겪지 않았습니다.

● 일본의 정치적 중심지는 헤이안 시대에 간사이, 가마쿠라 막부 때에 간토, 무로마치 막부 때에 간사이, 에도 시대 이후 간토에 있다.

그럼 서일본의 남는 전기를 동일본으로 보내면 되지 않았느냐고요? 그게 불가능했습니다. 메이지 시대에 독일에서 발전기를 수입한 동일본은 전기 주파수가 50헤르츠이고, 미국에서 발전기를 수입한 서일본은 전기 주파수가 60헤르츠로 서로 다르기 때문입니다. 주파수를 바꾸어 주는 변전소가 있기는 했지만 변전할 수 있는 양이 너무나 적었고, 변전소를 더 만드는 것보다 발전소를 세우는 게 차라리 효율적이었습니다. 그러니 앞으로도 전기 주파수에 의한 일본의 동서 단절은 그대로일 것입니다.

서일본의 중심지, 오사카

최근 들어 서일본의 중심지라 할 수 있는 오사카 부와 오사카 시를 통합하여 도쿄 도와 같은 '오사카 도'로 만들자는 움직임이 활발해졌습니다. 오사카는 줄곧 도쿄 도의 수도 기능을 나누어 달라고 요구해 왔는데, 이를 위해서 도쿄 도와 동등하게 오사카 도가 되어야 한다고 주장하는 것이지요. 2011년 동일본 대지진과 원전 사고에 도쿄 도가 크게 영향을 받자, 외국 기업들이 본사를 오사카로 이전하기도 했고, 일본 기업들 역시 서일본으로 공장을 옮기거나 부품 구입처를 바꾸기도 했습니다. 이에 오사카의 수도 기능 분산 요구도 더욱 거세졌지요.

예부터 오사카는 도쿄에 대항하는 의식이 강했습니다. 2020년

지리

에 도쿄 올림픽이 개최되지만, 그 이전에 올림픽을 유치하려고 노력했던 곳은 오사카였지요. 오사카는 2008년 하계 올림픽 개최를 목표했지만 실패했고, 결국 그해에는 중국 베이징에서 올림픽이 열렸습니다. 이후 일본 대표는 도쿄로 바뀌었고 2020년 하계 올림픽 유치에 성공했습니다. 오사카로서는 도쿄에 올림픽을 빼앗겼다고 여길 수도 있지요. 도쿄에 대한 오사카의 대항 의식은 정치권에서도 나타납니다. 오사카를 기반으로 하는 정치 단체 오사카 유신회가 '일본 유신회'로 개명하고, 2012년 국회 의원 선거에서 자민당과 민주당에 이어 제3당 자리를 차지했습니다. 다른 정당은 모두 도쿄에 본부를 두고 있지만, 일본 유신회만은 오사카에 본부를 두고 있지요. 2016년에 일부 의원들이 민주당에 합류하여 민진당을 만들자, 일본 유신회는 다시 오사카 유신회로 당명을 바꾸었습니다.

토인이었던
홋카이도 아이누

홋카이도는 에도 시대까지 에조치^{蝦夷地}라 불렸고, 일본에 포함되지 않았습니다. 에조치란 '아이누의 땅'이라는 뜻입니다. 아이누는 홋카이도, 사할린^{Sakhalin}, 쿠릴^{Kuril} 열도 등 일본과 러시아 사이에 위치한 섬들에서 살아온 민족입니다. 아이누는 일본과는 다른 문화와 언어를 가지고 있었는데, 아이누라는 명칭

1920년대 초반에 촬영된 아이누 부부.

역시 그들 말로 '사람'을 뜻하지요. 아이누는 계속 여러 세력으로 나뉘어 있었고 하나로 통일된 적은 없습니다. 그들은 수렵과 어로 생활을 주로 하였고, 일본인과 교역도 했습니다. 아이누가 생선과 모피를 주면 일본인은 쌀과 같은 농작물을 주는 식이었지요.

메이지 유신 이후 일본은 러시아와 국경 조약을 맺습니다. 홋카이도, 사할린, 쿠릴 열도에 살던 아이누는 자신들의 뜻과 상관없이 일본인 아니면 러시아인이 되어야 했지요. 일본 정부는 기존 국민들에게 새로이 편입된 홋카이도로의 이민을 장려합니다. 원주민인 아이누들은 이민자들에게 자신들의 터전을 빼앗겨 척

박한 지역으로 이주해야 했고, 수렵과 어로가 제한되어 농경을
배워야 했습니다.

메이지 정부는 1899년 '홋카이도 구토인旧土人 보호법'을 제정합
니다. 구토인이란 옛날의 토착인이라는 뜻으로, 아이누를 가리키
는 말입니다. 메이지 유신으로 신분제가 철폐되었음에도 불구하
고, 아이누를 '토인土人'이라 구분해 부르며 차별한 것입니다. 아
이누는 다른 일본인 학생이 없는 자기들만의 학교를 다녀야 했
고, 일본어와 일본 문화를 배워야 했습니다. 보호법은 아이누와
그들의 문화를 지켜 준다기보다 차별하고 억압하는 역할을 했습
니다. '홋카이도 구토인 보호법'이 폐지된 것은 거의 100년이 지
난 1997년입니다. 그리고 새로이 '아이누 문화 진흥법'이 제정되
었지요. 아이누가 자신들의 정체성을 인정받는 데 100년이라는
세월이 걸린 셈입니다.

지역 차별과 부락민

우리 사회의 큰 문제 중 하나인 지역 차별이 일본에
도 있을까요? 앞서 보았듯이 동일본과 서일본 사이에 대결 의식
이 있지만, 사회 문제가 될 정도의 지역 차별로 이어지지는 않습
니다. 홋카이도 아이누나 오키나와 사람을 차별하기도 하지만,
이는 지역 차별이라기보다 민족 차별이라고 할 수 있습니다. 메

이지 유신 이후 일본에 편입된 사람들에 대한 차별이니까요. 그렇다면 메이지 유신 이전에도 일본이었던 지역에서는 출신지에 따른 차별이 없을까요? 있습니다. 부락민에 대한 차별이죠. 부락이란 신분이 고정되어 있던 전통 시대에 사농공상에 속하지 못하는 천민들이 모여 살던 곳을 가리킵니다. 메이지 유신 이후 신분제가 철폐되고 거주 제한이 없어졌지만, 부락민에 대한 일반인들의 기피와 차별이 지금도 계속되고 있습니다.

부락민 차별은 민족이나 생김새가 달라서 발생하는 게 아닙니다. 그러니 그 사람이 태어난 곳이 어디인지 모르면, 그리고 애당초 어느 지역이 부락이었는지 모르면 그다지 문제가 되지 않지요. 그런데 1970년대에 부락이었던 지역들을 정리한 책이 통신판매로 유통되고 있었다는 사실이 발각됩니다. 주로 기업들이 이 책을 구입하여 신입 사원을 뽑을 때 지원자의 출신지 확인에 사용했지요.

21세기 들어서는 인터넷에 부락의 위치 정보가 떠돌고 있습니다. 요즘도 어느 유명인이 부락 출신이라는 이야기가 끊임없이 나오고 있고, 부락민을 차별하는 발언을 인터넷 게시판에 썼다가 명예 훼손 혐의로 체포당하는 일도 종종 뉴스에서 접할 수 있지요. 부락 출신임을 밝힌 정치인은 손자의 입학식과 졸업식에 한 번도 갈 수 없었다고 합니다. 자신의 손자임이 알려지면 부락민의 자손이라고 따돌림이 시작되기 때문이었죠.

메이지 유신 이후 140여 년이 지났습니다. 부락에서 이사를 나간 사람도 많고, 부락으로 이사 온 사람도 많지요. 부락이었던 지역에 산다고 꼭 부락민의 자손은 아닌 셈입니다. 설사 부락민의 자손이 맞더라도 그들을 차별하는 것이 잘못된 일임은 두말할 필요 없겠지요. 문제는 전통적인 편견을 못 버린 채 차별을 계속하는 사람들에게 있습니다.

오키나와

섬나라 속의 섬나라

류큐 왕국에서
오키나와 현으로

규슈의 남서쪽 바다부터 시작하여 타이완에 다다를 정도까지 160여 개의 섬이 늘어서 있습니다. 오키나와 현은 이들 섬으로 이루어져 있습니다. 오키나와 본도本島는 크기가 제주도의 3분의 2 정도로 혼슈, 홋카이도, 규슈, 시코쿠 다음으로 가장 큰 섬이지요. 오키나와 현은 1년 중 기온 차가 크지 않고, 산호수가 발달하여 에메랄드 빛을 띠는 아름다운 바다 덕분에 휴양지로 유명합니다. 겨울이 따뜻해서 한국과 일본의 프로 야구팀이 동계

오키나와를 450여 년간 통치했던 류큐 왕국의 궁정인 슈리 성.

훈련 장소로 오키나와를 자주 선택하지요. 사탕수수가 많이 재배
된 적도 있지만, 현재는 관광이 주요 산업입니다.

  오키나와 현은 메이지 유신 전까지 일본이 아니었고, 류큐琉球
라는 하나의 나라였습니다. 12세기 들어 오키나와 각지에서 세력
집단이 형성되기 시작했고, 14세기에는 3개의 나라로 정리되었
지요. 15세기에 세 나라가 통일되며 세워진 나라가 류큐입니다.
류큐는 중국, 조선, 일본과 교역을 했고 일본어와 다른 독자적 언

어를 사용했습니다. 제2차 세계 대전 때 파괴되어 다시 짓긴 했
지만, 왕이 살던 궁궐인 슈리首里 성은 지금도 웅장한 자태를 자랑
하지요.

17세기 일본 본토에서는 전국 시대가 끝나고 에도 막부가 들
어섭니다. 에도 막부는 규슈 최남단에 있는 사쓰마 번으로 하여
금 오키나와를 침략하게 하지요. 사쓰마 번은 류큐를 항복시키고
는 감시 기관을 세웁니다. 이 기관은 류큐가 중국과의 무역에서
얻은 이익을 본토로 가져가는 역할을 했습니다. 그런데 중국에
서 온 사신이 오키나와에 머물 때 사쓰마 번 관리들은 몸을 숨겼
습니다. 오키나와가 막부의 간섭을 받고 있다는 사실이 들통나서
무역이 끊길까 봐 두려웠기 때문이죠.

메이지 유신 이후 류큐는 일본에 편입되고, 호칭도 오키나와
현으로 바뀝니다. 450년간 지속된 류큐 왕국의 역사가 끝난 것입
니다. 마지막 통치자인 쇼타이尚泰 왕은 도쿄로 주거지를 옮기고
귀족 작위를 받습니다.

오키나와 전쟁,
그리고 일본으로의 '복귀'

오키나와 현은 일본이 벌인 전쟁 때문에 가장 큰 희
생을 치른 곳 중 하나입니다. 앞서 이야기했듯이, 1945년 4월 미
군이 오키나와에 상륙하고 3개월간 벌어진 전투에서 10만 명 이

상의 오키나와 주민이 사망했습니다. 전투에 휘말린 경우보다 집단 자살이 많았지요. 집단 자살은 일본군의 강요와 잘못된 교육이 원인이었습니다. 패전 이후 오키나와 주민들은 학생들이 배우는 역사 교과서에 일본군의 책임이 확실히 기술되길 원합니다. 하지만 일본 정부는 책임 문제에 대한 언급은 없이, 희생이 컸다는 것만 강조하려 합니다. 교과서가 바뀔 때마다 오키나와 주민들과 일본 정부는 대립하고 있습니다. 역사 교과서 문제는 일본과 한국, 일본과 중국 사이에서만이 아니라 일본 내부에서도 일어나고 있는 것입니다.

일본의 패전 이후 오키나와는 미군의 통치를 받습니다. 정부가 수립되었지만 실질적인 권력은 미군에게 있었지요. 몇 년 지나지 않아 전쟁은 오키나와를 다시 찾아옵니다. 1950년대 들어 한국 전쟁이 일어나고 미국과 소련의 냉전이 심해지자, 미국이 오키나와의 군사 기지 역할을 강화한 것입니다. 그래서 일반인들의 토지를 몰수하여 미군 기지로 만들었습니다. 1960년대 말부터 1970년대 초까지 미국과 베트남이 전쟁을 벌였는데, 이때도 오키나와는 미국의 전초 기지 역할을 했습니다.

베트남 전쟁에서 큰 희생을 치른 미국은 동아시아에서 한 발 물러서는 전략을 취합니다. 그 일환으로 오키나와도 일본에 돌려주기로 결정하지요. 이에 대해 오키나와 사람들은 반대했을까요? 아닙니다. 이미 오키나와 사람들은 일본으로 돌아가려는 운동을 벌이고 있었습니다. 자치권도 없었고, 토지도 빼앗겼고, 미군 기지로 인하여 많은 사건과 사고가 일어났기 때문입니다. 오키나와 사람들은 일본으로 돌아가면 이 모든 문제가 해결되리라고 생각했지요.

1972년 오키나와는 다시 일본의 현이 되었습니다. 오키나와 사람들은 일본으로 돌아갔다고 하여 '복귀'라고 말하고, 일본 본토 사람들은 오키나와를 미국이 돌려주었다는 뜻으로 '반환'이라고 부릅니다.

오키나와와
계속되는 차별

일본으로 돌아간 오키나와는 또 다른 문제들에 직면합니다. 그중 하나는 앞서 말했던 역사 교과서를 둘러싼 대립입니다. 또 하나는 미군 기지 문제입니다. 오키나와가 일본 국토 면적에서 차지하는 비율은 1퍼센트도 되지 않지만, 일본에 있는 미군 전용 시설의 75퍼센트가 오키나와에 몰려 있습니다. 오키나와 본도만 보면, 전체 면적의 18퍼센트를 미군 기지가 차지하고 있지요. 미군 병사들이 일으키는 사건과 사고, 주거지와 가까운 기지가 끼치는 불편 때문에 오키나와 사람들의 불만이 쌓여 왔습니다.

1990년대 들어 냉전이 끝나면서 미군 기지 이전이 본격적으로

미군 수직 이착륙기들이 늘어서 있는 후텐마 기지. 기지와 주거지가 가까워 소음과 추락 사고 등 문제가 끊이지 않는다.

논의됩니다. 가장 핵심적인 문제는 후텐마普天間 기지였습니다. 후텐마 기지가 도시 한복판에 자리한 탓에 근처 주민들은 비행기와 헬리콥터가 내는 소음에 시달려 왔습니다. 2004년에는 헬리콥터가 기지 바로 옆에 위치한 오키나와 국제대학에 추락하는 사고도 일어났지요. 오키나와 사람들은 후텐마 기지가 오키나와에서 나가기를 바랐지만, 미국과 일본 정부는 오키나와 북부 나고名護 시의 헤노코邊野古 해변으로 옮기기로 결정했습니다. 오키나와 사람들은 이러한 결정에 실망하여 지금까지도 계속 헤노코로의 기지 이전을 반대하고 있습니다. 미국과 일본 정부는 미일 동맹과 일본의 안보를 위해서 반드시 오키나와 안에 기지가 있어야 한다고 주장합니다. 반면에 오키나와 사람들은 기지가 왜 굳이 오키나와에 있어야 하느냐고 반박하지요. 그들은 미군 기지를 다른 곳으로 옮기지 못하게 하는 것이 오키나와에 대한 지역 차별이라고 외치고 있습니다.

지리

- 일본도 우리나라처럼 인구나 시설 등의 수도권 집중 현상이 심각한가요?

도쿄 도의 인구는 1,300만 명 정도입니다. 서울의 인구는 약 1,000만이지만, 도쿄 도의 면적은 서울보다 3.5배 정도 큽니다. 그렇다면 도쿄는 서울보다 덜 혼잡할까요? 아닙니다. 예전의 도쿄 시에 해당하는 도심 지역에 사람들이 모이기 때문에 이 지역은 매우 복잡합니다.

일본의 수도권이라고 하면 보통 도쿄를 중심으로 북쪽의 사이타마^{埼玉} 현, 동쪽의 지바^{千葉} 현, 남쪽의 가나가와^{神奈川} 현을 합친, 1도 3현을 가리킵니다. 도쿄 도는 동서로 길기 때문에, 도쿄 도의 서쪽 끝에서 동쪽에 있는 도심으로 가려면 기차로 1시간 이상 걸립니다. 외려 주변의 3현에서 도심으로 가는 것이 더 빠른 경우가 있죠. 그래서 3현에서 도쿄 도심으로 출퇴근하는 사람이 많습니다.

수도권 인구, 즉 1도 3현의 인구를 합치면 3,700만 명에 달합니다. 일본 전체 인구의 4분의 1을 넘는 사람이 수도권에 살고 있는 셈이죠. 인구뿐 아니라 정치·경제·사회·문화적 역량이 수도권에 집중되어 있습니다. 문제는 수도권 집중 현상이 완화되기는커녕 더욱 심해지고 있고, 반대로 다른 지역은 점점 쇠퇴해 간다는 점입니다. 신칸센 증설 같은 교통의 발달은 수도권 집중 현상을 더욱 부채질하고 있습니다.

수도권 이외에 중심이 되는 권역을 더 만들어 집중 현상을 해소하자는 의견이 많습니다. 동일본 대지진 이후 이러한 의견에 찬성하는 사람들이 많아졌지요. 그 때문에 오사카가 또 다른 중심이 되고자, 오사카 시와 오사카 부를 합쳐 오사카 도로 변화하려는 노력을 기울이고 있습니다.

● 일본에서도 전세로 집을 빌릴 수 있나요?

전세는 집주인에게 보증금만 주고 집을 빌리는 제도입니다. 계약이 끝나면 보증금을 그대로 돌려받을 수 있다는 장점이 있지만, 집값과 맞먹는 액수를 보증금으로 내야 하기 때문에 한 번에 많은 돈이 필요하지요. 일본에는 전세가 없고 월세만 있습니다. 시키킨敷金이라 불리는 보증금을 내야 하지만, 우리나라보다 훨씬 저렴해서 보통 1개월 또는 2개월 치 월세에 해당하는 금액입니다. 시키킨은 계약이 끝나면 청소비를 제외하고 돌려받지요. 그리고 계약할 때 부동산에는 수수료로 1개월 치 월세에 해당하는 금액을 지불합니다. 거래는 전적으로 부동산과 하기 때문에 집주인과 만날 일은 거의 없습니다. 우리나라에서는 다음에 들어올 사람이 없으면, 계약 기간이 끝나도 이사를 못 하는 경우가 많죠. 하지만 일본에서는 다음에 들어올 사람을 신경 쓸 필요가 없습니다. 빈집이 되더라도 부동산은 청소를 해 놓고 다음에 들어올 사람을 기다립니다.

다른 나라에 없는 일본만의 특징으로 레이킨禮金이라 하여 세입자가 집주인에게 주는 돈이 있습니다. 보통 1, 2개월 치 월세를 내죠. 이 돈은 시키킨과 달리 나중에 돌려받을 수 없습니다. 집주인에게 집을 빌려주어서 고맙다고 주던 사례금 전통이 남아 있는 거라고 하지요. 레이킨에 대한 법적 근거가 없기 때문에 최근에는 받지 않는 집주인들도 늘어나고 있습니다.

　일본 사람들도 보통 아파트를 빌리느냐고요? 그렇긴 한데 아파트의 형태가 우리와 다릅니다. 일본에서 아파트라고 하면 2층 높이의 다세대 주택을 가리킵니다. 우리나라의 아파트처럼 엘리베이터가 있고 규모가 큰 건물은 맨션이라고 하지요.

　집이 정해졌으면 이사 날을 잡아야겠지요. 우리나라는 손 없는 날을 선호합니다. 손 없는 날에서 손이란 악귀를 뜻합니다. 악귀가 없는 날 이사하려는 것이죠. 미신이기는 하지만 요즘도 이날에는 이사하려는 사람이 몰려서 이사 비용이 평소보다 비쌉니다. 손 없는 날과는 계산법이 다르지만 일본에도 '다이안大安'이라고 이사하기 좋은 날이 있습니다. 일본도 이날에는 한국처럼 이사 비용이 오릅니다. 그럼 일본에 사는 한국 사람이 이사할 때는 손 없는 날을 선택해야 할까요, 다이안으로 해야 할까요? 선택은 각자의 몫이겠지요.

● 일본의 공휴일은 언제인가요?

공휴일은 국가에서 지정한 휴일을 말합니다. 달력에 빨갛게 표시되는 날이죠. 일본은 음력을 쓰지 않으니까 매년 공휴일이 똑같을 것 같지만, 꼭 그렇지도 않습니다. 2000년부터 '해피 먼데이 제도'를 도입했기 때문이죠. 해피 먼데이 제도란 공휴일을 날짜가 아니라, 몇 월 몇 번째 월요일이라고 정하는 것입니다. 예를 들면 성인의 날은 1월 둘째 주 월요일로 정해져 있습니다. 이 제도 덕에 월요일 휴일이 늘어나서 토, 일, 월 사흘을 쉬는 연휴가 많이 생겨났습니다. 연휴가 늘어나면 국내 소비도 증진되지 않을까 하는 일본 정부의 바람이 있었지요.

우리나라에서 가장 오래 쉬는 공휴일은 설날과 추석입니다. 일본의 경우 설날은 아예 없고, 1월 1일 하루만 공휴일로 지정되어 있습니다. 그렇다고 하루만 쉬는 것은 아닙니다. 관공서는 12월 28일부터 1월 3일까지 쉬도록 공무원법에 정해져 있습니다. 그래서 회사들도 이에 따라 쉬는 곳이 많죠. 그럼 크리스마스부터 쉬면 좋지 않느냐고요? 우리나라와 달리 일본은 크리스마스가 공휴일이 아닙니다. 그리고 부처님 오신 날은 아예 없지요.

우리의 추석과 비슷한 일본의 오봉ぉ盆은 공휴일이 아닙니다. 하지만 양력 8월 15일을 전후해서 사나흘 쉬는 회사가 대다수이지요. 학생들은 여름 방학 기간에 해당하고요. 연말연시와 오봉에는 우리나라처럼 고향

으로 돌아가는 일본 사람들이 많습니다.

　일본에서 가장 오래 쉬는 휴일은 4월 말에서 5월 초에 걸친 '골든 위크'입니다. 골든 위크는 우리의 황금연휴라는 말과 비슷한 의미겠지요. 5월 3일 헌법 기념일, 5월 4일 녹색의 날, 5월 5일 어린이날로 공휴일이 사흘 연속됩니다. 그리고 5월 1일은 근로자의 날이고, 4월 29일은 쇼와의 날로 역시 공휴일이지요. 일본은 공휴일과 일요일이 겹치면 그다음 주 월요일에 쉬는 대체 휴일제를 시행하고 있어서 골든 위크 때는 짧게는 5, 6일에서 길게는 10일까지도 쉴 수 있습니다. 이때는 춥지도 덥지도 않아서 사람들이 여행을 많이 갑니다.

정치·경제·사회

닮은 듯
다른
*03 »

이웃 나라

국회

의원 내각제의 나라

붙어 있는
입법부와 행정부

　　일본은 대통령제가 아니라 의원 내각제입니다. 국
회의 구성도 우리나라의 단원제와 달리, 상원인 참의원參議院과 하
원인 중의원衆議院으로 이루어진 양원제이지요. 대통령제인 우리
에게는 의원 내각제나 양원제가 생소하게 들리지만, 우리나라에
서도 두 제도가 운영된 적이 있습니다. 1960년 4.19 혁명 이후
부터 이듬해 5.16 쿠데타가 일어날 때까지 아주 짧은 기간이었
지만 말입니다. 서울 여의도에 있는 국회 의사당에도 양원제 실

일본 국회 의사당을 정면에서 바라본 모습(위)과 내부의 중의원 회의장(아래).

시를 대비하여 두 개의 큰 회의장이 마련되어 있지요. 일본의 국회 의사당은 도쿄 한복판인 지요다 구 나가타 초에 자리하고 있습니다. 일본의 뉴스 프로그램을 보면 "오늘 나가타 초에서는"이라는 표현이 많이 쓰이는데, 바로 국회를 가리키는 것입니다. 국회 의사당을 정면에서 마주 보았을 때, 좌측에는 중의원이 있고, 우측에는 참의원이 있습니다. 그곳에서 중의원 475명, 참의원이 242명, 총 717명의 국회 의원이 일하고 있지요. 우리나라는 국회 의원이 총 300명입니다.

의원 내각제의 특징은 입법을 담당하는 '국회 의원'과 행정을 담당하는 '내각'이 붙어 있다는 것입니다. 중의원 선거에서 가장 많은 의석을 차지한 정당의 당수가 행정부의 수반인 내각 총리대신을 맡습니다. 내각 총리대신은 줄여서 총리 또는 수상이라고 하지요. 우리나라의 장관에 해당하는 국무 대신에는 총리가 지명하는 국회 의원이 임명됩니다. 반면 대통령제를 실시하는 미국에서는 국회 의원의 장관 겸임이 금지되어 있지요. 우리나라도 원래는 국회 의원이 장관을 맡는 게 금지되었지만, 1969년에 헌법이 개정되며 가능해졌습니다.

일본의 국회는 상하원 비대칭형으로 하원의 비중이 큽니다. 하원인 중의원은 내각 총리대신을 지명할 수 있고, 예산 의결권과 조약 비준권 등을 갖고 있습니다. 그리고 중의원에는 내각 불신임 결의권이 주어집니다. 내각의 활동이 충분치 않다고 여겨지면 중의원은 내각을 신임하지 않겠다고 결의함으로써 내각을 해산할 수 있는 것입니다. 하지만 애당초 내각은 가장 많은 의석수를 차지한 정당이 구성하기 때문에 국회에서 불신임 결의가 통과된 사례는 거의 없습니다. 대부분은 야당이 내각과 여당에 대한 경고로서 불신임을 입안했다가 부결되곤 했지요.

반대로 내각은 중의원에 대하여 해산권을 갖고 있습니다. 중의원 해산은 주로 국회 의원 선거를 함으로써 여론을 환기시키려는 경우에 행해집니다. 이때는 내각과 여당이 주도하기에 야당은 반대할 방법이 없지요. 1945년 이후만 따져 보면 중의원 선거는 1976년의 한 차례를 제외하고는 전부 중의원 해산 때문에 이뤄졌습니다. 그러니까 4년이라는 임기를 채우고 중의원 선거가 치러진 것은 한 번뿐이라는 이야기죠.

이에 비해 참의원은 내각과 중의원의 치열한 관계에서 어느 정도 거리를 둘 수 있습니다. 참의원은 중의원처럼 내각 불신임을 결의할 수는 없지만, 내각도 참의원을 해산할 수 없기 때문이죠. 그래서 참의원의 의원들은 대체로 임기를 끝까지 마칩니다. 참의원의 임기는 6년이고, 총 의석수의 절반을 3년마다 교체합니다. 즉 참의원 선거는 3년에 한 번씩 정기적으로 치러지는 것이죠. 이렇게 임기가 안정적으로 보장되기에 참의원에게는 장기적 관점에서 활동할 것이 기대됩니다.

일본의 여당은 대체로 자민당이라고 기억하면 됩니다. 선거에 따라 언제든 여당이 바뀔 수 있는 것 아닌가 하고 생각하겠지만, 일본에서는 '여당은 자민당'이라는 틀이 거의 변함없이 지속되었습니다. 앞서 살펴봤듯이 1955년에 자유당과 일본 민주당이 합당하여 창립한 자민당은 약 4년간을 제외하고는 지금까지 쭉 여당의 자리를 지켜 왔습니다. 독재 국가가 아님에도 불구하고 일본인은 자민당에 전폭적인 지지를 보냈지요. 일본인이 자민당을 그만큼 신뢰한다고 할 수 있지만, 그러한 선택밖에 할 수 없다고도 볼 수 있습니다. 그리고 자민당에 대한 지지가 선택 아닌 선택임을 잘 보여 주는 것이 국회 의원의 '세습'입니다.

"봉건 시대도 아닌데 세습이라뇨?" 하는 질문이 들리는 듯하군요. 21세기에 총리가 된 자민당 의원들, 고이즈미 준이치로, 아베 신조, 후쿠다 야스오, 아소 다로를 예로 살펴봅시다. 고이즈미 준이치로는 조부 때부터 중의원 의원을 하여 3대째였습니다. 2008년 고이즈미가 정계를 은퇴하자, 둘째 아들이 지역구를 물려받아 28세라는 젊은 나이에 당선되었지요. 아베 신조도 3대째 국회 의원입니다. 후쿠다 야스오는 2대째 국회 의원이었고, 현재는 아들이 지역구를 물려받았습니다. 아소 다로도 3대째 국회 의원이지요. 이들을 포함하여 자민당 소속 국회 의원 중 60퍼센트 이상이 세습 의원입니다.

의원직 세습이 가능한 이유는 무엇일까요? 보통 세습 의원들은 '3반'을 이어받는다고 합니다. '3반'이란 '지반じばん', '간반かんばん', '가반かばん'입니다. '지반'은 한국어와 똑같이 지반地盤을 뜻하며 지역구, 그리고 지역 유지들로 이루어진 후원회를 가리킵니다. '간반'은 간판看板, 즉 지명도를 말하며 아버지의 뒤를 잇는 덕에 새로이 이름을 알리는 수고를 덜 수 있다는 의미입니다. '가반'은 가방의 일본어 발음으로 '돈 가방', 즉 정치 자금을 가리키지요. 일반적인 재산과 달리 정치 자금은 세금을 내지 않고 상속할 수 있기 때문에, 세습 의원은 아버지의 돈 가방을 그대로 물려받을 수 있습니다. 그리고 세습 의원이 있는 지역은 그렇지 않은 지역보다 중앙 정부로부터 받는 보조금이 훨씬 많다고 합니다. 따라서 '3반'을 이어받은 사람과 그러지 않은 사람 사이에는 선거 시작부터 이미 현격한 차이가 벌어지겠지요.

세습 의원에 대한 일본인들의 시선이 좋은 것만은 아닙니다. 선거철마다 세습을 제한하자는 주장이 나오지만 그다지 변화될 가능성은 없어 보입니다. 세습 의원이 많은 자민당이 이에 찬성할 리가 없기 때문이죠. 사실 세습은 자민당의 문제이기는 하지만, 자신의 이권이 조금이라도 보장되는 세습 후보를 선택하고 마는 유권자들의 행태가 근본적인 문제입니다.

만년 여당인 자민당 이외에는 어떤 정당이 있을까요? 일본의 여당에는 자민당 말고 공명당도 있습니다. 공식적으로 자민당 단독 정권이 아니라 자민당·공명당 연립 정권이지요. 공명당은 창가 학회*라는 종교 단체를 모체로 하여 만들어진 정당입니다. 자민당은 1999년 선거에서 과반수 획득이 힘들어 보이자 공명당과 연립했고, 이후 연립을 유지하고 있습니다.

야당으로는 2009년 선거에서 자민당에 승리하여 2012년까지 3년간 여당이 되었던 민주당이 있습니다. 한때는 자민당과 어깨를 나란히 해서 미국의 공화당과 민주당 같은 양대 정당 체제를 꿈꾸었을 정도로 세력이 강했으나 현재는 그렇지 못합니다. 이러한 쇠퇴의 배경에는 민주당이 자민당에서 빠져나온 국회 의원을 주축으로 만들어졌기 때문에 자민당과 차별성이 없다는, 타고난 한계가 있지요. 그리고 앞서 설명했던 오사카를 기반으로 하는 오사카 유신회가 있습니다. 2016년 민주당은 오사카 유신회의 일부 의원들과 연합하여 민진당이라는 새로운 정당을 출범시켰습니다. 또 다른 야당으로 일본공산당도 있습니다. 냉전 시대가 끝난 이후 일본공산당은 의석수와 당원이 줄어들었지만, 최근 사회 양극화가 심해지면서 다시금 세력을 키우고 있습니다.

일본 국회의
진풍경

일본의 국회 의원 선거 결과를 보면 분명히 자신의

● 1930년 불교의 교범을 기초로 하여 설립된 종교 단체. 생활 혁신과 보다 나은 사회 건설을 목표한다.

선거구에서 떨어졌음에도 불구하고 국회 의원 자리를 유지하는 사람들이 있습니다. 이는 지역구와 비례 대표에 동시에 출마할 수 있게 허용한 일본 선거 제도의 특징 때문입니다. 우리나라는 이러한 중복 출마를 금지하고 있지요. 지역구 주민으로서는 떨어뜨린 후보가 비례 대표로 국회 의원이 되기 때문에 자신들의 뜻이 선거에 반영되지 않았다고 생각할 수 있습니다. 그래서 이렇게 국회 의원이 된 경우에는 '좀비 의원'이라 불리며 손가락질을 당하기도 합니다.

또 다른 일본 국회의 진풍경은 회의장에서 볼 수 있습니다. 국회에서 열리는 예산 위원회나 결산 위원회, 그 밖의 중요한 위원회는 공영 방송인 NHK를 통해서 중계됩니다. 처음 텔레비전으로 이 장면을 보았을 때 저는 큰 충격을 받았습니다. 누군가 질문하거나 답변하는데, 자리에 앉아 있는 국회 의원들이 그 발언에 대한 자신의 느낌을 반말로 외쳐 댔기 때문입니다. 다르게 표현해서 발언에 대한 댓글을 그 자리에서 퍼붓는 셈이라고 하면 이해하기 쉬울지 모르겠습니다. "말 길게 하지 말고 끝내!"라든지 "너한테 그런 권한 없어!" 등의 반말이 이곳저곳에서 끼어드는 탓에 발언권을 가진 국회 의원이 말을 이어 가지 못할 때가 많았지요. 이러한 야유를 일본어로는 '야지ヤジ'라고 합니다. 정숙하고 권위 있어야 할 국회에서 국민을 대표하는 의원들이 무질서하게 반말로 야지를 퍼부어 대는 행위에 저는 깜짝 놀랐습니다. 평

소 자신의 감정을 잘 드러내지 않으려는 일본인들의 모습과 너무나 달랐기 때문에 더더욱 충격적이었지요. 게다가 텔레비전을 통해서 그대로 방송이 되는데도 말입니다. 야지를 없애자는 여론이 있긴 하지만, 대다수 국회 의원이 야지를 일본 국회의 문화라고 옹호해서 앞으로도 없어지지 않을 것 같습니다.

경제

눈부신 발전 이후 찾아온 침체

일본 경제의
현황

 2010년 일본의 GDP^{국내 총생산}는 세계 3위로 내려앉았습니다. 일본은 GDP 세계 2위 자리를 중국에 내주었고, 아시아 최고의 경제 대국이라는 호칭도 넘겨주어야 했지요. 사실 이러한 역전은 일본의 경제 규모가 줄어서가 아니라 중국 경제가 성장했기 때문에 일어났습니다. 일본은 42년간이나 GDP 세계 2위의 자리를 지켰고, 1990년대 초반부터 경제 성장이 더뎌졌지만 20여 년간 비슷한 경제 규모를 지탱해 왔습니다. 일본 경제의 힘은 이처럼 오랫동안 큰 등락 없이 일정 수준을 유지했다는 점에 있지요.

일본의 GDP는 4조 7000억 달러로, 1조 4000억 달러인 한국보다 3배 이상 많습니다. 2014년 기준으로 한국은 GDP 중에서 수출이 차지하는 비율이 50퍼센트가 넘지만, 일본은 수출 비중이 18퍼센트에 불과합니다. 일본은 수출보다 내수 시장이 훨씬 큰 덕에 세계 경제의 변동에 덜 흔들릴 수 있다는 강점이 있습니다.

일본의 최대 무역 상대국은 중국이고, 두 번째가 미국입니다. 세 번째는 바로 한국이지요. 우리나라의 무역 상대국 순위도 마찬가지로 중국, 미국, 일본 순입니다. 아쉽게도 한국은 1965년에 국교 정상화를 한 이래 일본과의 무역에서 지금까지 계속 적자를 보았습니다. 우리나라 주요 수출품들의 핵심 소재 및 부품을 일본에서 많이 수입하기 때문에, 우리가 수출을 하면 할수록 일본에서 수입하는 양도 늘어나 버리지요.

일본 경제를 이끌고 있는 기업은 자동차 회사들입니다. 2015년 일본 전체 기업의 매출액 순위를 보면 1위가 토요타, 2위가 혼다, 3위가 닛산으로 전부 자동차 제조사입니다. 이 회사들이 한국처럼 재벌 기업일까요? 그렇지는 않습니다. 현재 일본에는 재벌 기업이 없습니다. 가족이나 친족이 지주 회사를 통하여 여러 계열사를 한꺼번에 운영하는 재벌은 일본에서 먼저 생겨나긴 했습니다. 대표적으로 스미토모住友, 미쓰이三井, 미쓰비시三菱 등 3대 재벌이 있었지요. 스미토모와 미쓰이는 에도 시대부터, 미쓰비시는 메이지 시대부터 사업을 시작했습니다. 이 재벌들은 제2차 세계 대전 중 일본의 전쟁을 도왔기 때문에 패전 후 연합국 총사령부에 의해 해체됩니다. 계열사 위에 존재하던 지주 회사를 없애 버린 것이죠. 스미토모, 미쓰이, 미쓰비시는 지금도 규모가 큰 기업 집단이지만 전체를 통괄하는 재벌가는 존재하지 않습니다. 다만 계열사끼리 협력 관계는 유지하고 있지요.

일본의 경제 성장 과정과 일본식 경영

제2차 세계 대전으로 일본 경제는 큰 타격을 입습니다. 만회의 계기를 가져다준 것은 한반도에서 벌어진 전쟁이었습니다. 한국 전쟁 동안 미군의 병참 기지 역할을 하면서, 일본 경제는 패전 이전의 상태를 회복합니다. 일본은 이를 기반으로 1950년대 후반부터 1973년까지 매년 평균 10퍼센트 이상의 고도 경제 성장을 이뤄 냈지요. 1968년에는 서독을 제치고 GDP 세계 2위에 오릅니다. 1970년대 들어 일본 경제는 고비를 만납니다. 1973년 중동에서 전쟁이 일어나 석유값이 오르고 물가도 천정부지로 치솟은 것입니다. 오일 쇼크 때문에 1974년 일본 경제는 고도 성장을 멈추고 처음으로 마이너스 성장을 기록합니다. 이에 일본 전국에서 길거리 간판의 조명을 끄고, 엘리베이터

대신 계단을 이용하는 등 에너지 절약 운동이 일어났습니다. 또한 공장에서도 되도록 전기를 적게 쓰는 쪽으로 공정을 바꾸었지요. 이러한 노력 덕에 오일 쇼크를 극복한 일본은 1975년부터 1980년대 후반까지 평균 4퍼센트 성장률을 기록하며 경제 규모를 꾸준히 키워 나갑니다. 경제가 성장하며 중산층의 범위가 넓어져서 '일억총중류一億總中流'라는 말이 유행했지요. 이는 일본인 모두가 상류층도 하류층도 아닌 중산층이라는 의미로, 그만큼 부의 배분이 균등하게 이루어졌음을 뜻합니다.

일본 경제는 세계 각국의 모범으로 받아들여졌고, 전 세계에서 일본식 경영이 연구되며 이를 배우려는 움직임이 일어났습니다. 일본식 경영의 특징은 회사를 종업원의 공동체로 보는 데 있습니다. 즉 회사를 또 하나의 가족으로 생각하는 것이죠. 이러한 생각 아래 세 가지 특징적인 제도가 시행됩니다. 그것들은 종신 고용제, 연공서열 임금제, 기업별 노조입니다. 종신 고용제란 한번 회사에 취직하면 정년퇴직 때까지 이직하지 않고 다니는 것입니다. 연공서열 임금제란 개인의 능력과 성과가 아닌 근무 연수에 따라서 임금이 오르는 제도이지요. 직종별 노조는 같은 직업에 종사하는 사람들끼리 조직하는 데 비해, 기업별 노조는 하는 일은 달라도 같은 기업에 속해 있는 사람들이 뭉침으로써 노사 간 협의가 보다 용이합니다. 한때 미국에서도 일본을 본받아서 가족적인 회사를 만들고 종신 고용을 시행하자는 주장이 나오기도 했습니다. 1979년에 출간된 하버드대학 교수 에즈라 보걸의 저서 『우리가 일본에서 배울 것은』Japan as Number One은 당시 미국의 분위기를 대변합니다. 이 책에서 에즈라 보걸은 미국이 일본보다 모든 면에서 우월하다는 생각을 버리고, '넘버원'인 일본의 제도와 문화 등을 배워야 한다고 주장했지요.

거품 경제와
성장의 끝

1980년대 후반 일본 경제는 절정에 달합니다. 부동산 가격이 폭등하고 주가도 하늘 높은 줄 모르고 상승했지요. '도쿄를 팔면 미국을 살 수 있다.'라는 말까지 나왔습니다. 기업들은 투기에 가까운 투자를 난무하여, 고흐와 르누아르 같은 유명 화가의 작품을 경매 최고가를 경신하며 사들였고, 뉴욕 중심가 빌딩과 하와이 리조트 등을 구입했습니다. 그 와중에 할리우드를 대표하는 전통 있는 영화사인 콜롬비아가 소니에 팔리기도 했지요. 일본의 거침없는 투자와 전자 및 자동차 산업 진출은 미국 내에 큰 반일 감정을 불러일으켰습니다. '일본 때리기'Japan Bashing라 불린 일본에 대한 반감은 정책 차원의 제재부터 시작하여 민간에까지 번져서, 일본 자동차를 야구 방망이로 부수는 사람들이 나타날 정도였습니다. 반면 일본에서는 경제력을 바탕 삼아 미국에 강한 자신감을 표출한 이시하라 신타로˚의 책 『NO라고 말할 수

● 일본의 정치가이자 작가. 대표적인 극우 인사로 1999년부터 2012년까지 13년 간 도쿄 도지사를 지냈다.

있는 일본』이 베스트셀러가 되기도 했지요.

1990년대에 들어서자마자 순식간에 일본 경제의 거품이 터져 버립니다. 부동산 가격과 주가가 폭락했고, 이를 담보로 대출을 해 주었던 은행들이 흔들렸지요. 소비와 투자가 급속도로 위축되면서, 수십 년간 이어진 일본 경제의 성장은 멈추고 맙니다. 1990년대부터 지금까지 20여 년 동안 일본 경제의 성장률은 1퍼센트대에 머무르고 있습니다.

일본 경제의 문제점과 아베노믹스

장기간 성장 없이 정체하면서 일본식 경영에도 변화가 일어났습니다. 기업은 종신 고용을 해야 하는 정규직 사원 대신 급료가 적고 해고하기 쉬운 비정규직 사원의 수를 늘리고 있습니다. 결국 회사가 또 하나의 가족이라는 공동체 개념은 깨지고, 정규직과 비정규직으로 나뉘게 되었지요. 이러한 구분은 소득 분배에도 영향을 주어 '일억총중류'의 시대도 끝납니다. 그 대신 유행하는 말이 '격차 사회'입니다. 한국식으로 표현하면 '부의 양극화'이지요. 소비 생활도 양극화되어서 저가 상품만 파는 브랜드들이 등장했습니다. 대표적으로 생활용품을 싸게 파는 '100엔 샵'이 일본 전역에 수천 개나 들어섰지요.

일본에서는 거품이 꺼진 이후, 즉 1990년대 이후에 태어난 세

일본에서 인기 있는 할인 매장 돈키호테의 내부. 다양한 물품을 저렴하게 구입할 수 있어 관광객들도 많이 찾는다.

대를 가리켜 '사토리さとり 세대'라고 부릅니다. '사토리'는 '깨달음'이라는 뜻입니다. 경제 호황을 잔뜩 누렸던 버블 세대가 이상을 좇고 허세 넘쳤다면, 사토리 세대는 혹독한 현실을 깨달았기에 큰 꿈이 없습니다. 과도한 소비에도, 여행에도, 연애나 사람 사귀는 일에도 흥미가 없고, SNS를 통해서만 인간관계를 맺으려 하지요. 우리나라의 연애, 결혼, 출산을 포기한 '3포 세대'와도 비슷한 면이 있습니다.

이러한 상황 속에서 중국에 뒤져 아시아 경제 2위로 내려앉자 일본이 느낀 실망감은 매우 컸습니다. 이 실망감이 경제 성장을 앞세운 자민당 아베 신조 정권에 대한 지지로 이어지기도 했지요. '아베노믹스'라 불리는 아베 정권의 경제 정책은 양적인 팽창을 지향하여 시중에 자금을 풀고, 공공사업을 대규모로 확대했습니다. 동일본 대지진 피해 복구 및 2020년 도쿄 올림픽 준비 등이 있었기 때문에 아베 정권의 양적 팽창 정책은 어느 정도 효과를 내며 일본 경제에 활력을 주었지요. 하지만 고령화와 저출산이라는 근본적인 문제가 해결되지 않고 있어서 양적 팽창 정책이 언제까지 효과적일지는 알 수 없습니다.

사회와 가족
지위와 혈연보다는 목표

일본은
목표 지향성 사회

     유명한 대학을 졸업했음에도 아버지가 운영하는 우동집을 이어받은 일본 청년. 이런 이야기는 종종 한국 언론에도 소개됩니다. 한국인은 보통 대학을 나왔으면 우동을 만드는 것보다 '나은 일'을 해야 한다고 생각하겠죠. 여기에는 직업과 사회적 지위를 연결하는 사고방식이 자리하고 있습니다. 이처럼 보다 나은 지위로 이동하길 원하는 한국 사회를, 하버드대학 교수였고 주일 미국 대사를 지낸 에드윈 라이샤워는 '지위 지향성 사회'라

일본인은 지위보다 목표를 중시하기에 가업을 잇는 경우가 많다. 교토의 니시키 시장은 역사가 400년이 넘는데, 점포들 대부분이 대를 이어 경영하고 있다.

고 규정했습니다.

한국은 예부터 왕을 중심으로 하는 중앙 집권 사회라서 무슨 일을 하더라도 중앙과의 관계가 중요했고, 이를 위해서는 자신의 지위를 높일 필요가 있었습니다. 과거제가 있어 지위 상승이 가능하기도 했고요. 라이샤워는 한국과 달리 일본은 '목표 지향성 사회'라고 말했습니다. 일본에는 과거제가 없었고, 신분이나 지위를 바꾸기가 매우 힘들었습니다. 그래서 직업 선택이나 직종 변경에 노력하기보다는, 정해진 직업에서 뛰어난 업적을 쌓는 것을 목표할 수밖에 없었지요.

목표 지향성 사회에서는 직업이 곧 사회적 지위라는 인식이 약해서, 지위 지향성 사회보다 기술이 발전할 가능성이 큽니다. 박사 학위도 없이 회사원 신분으로 2002년 노벨 화학상을 받은 다나카 고이치는 이사로 승진시켜 주겠다는 회사의 권유를 거절하고 연구소에 남습니다. 관리직으로 올라가면 연구를 계속할 수 없기 때문이었죠. 이는 지위보다 목표를 중시하는 일본 사회의 특징을 잘 보여 주는 사례입니다.

일본의
가족과 집안

한 사회의 가장 기초가 되는 단위는 가족입니다. 한데 요즘은 우리와 마찬가지로 일본에서도 결혼을 하지 않은 1인 가정이 늘어나고 있고, 자녀가 없거나 하나뿐인 가정도 많아서 종래의 가족 구성과 개념이 많이 흔들리고 있습니다. 그렇지만 여기서는 일본의 기본적인 가족 개념에 대해서 살펴보겠습니다. 흔히 한국의 가족은 혈연 공동체적 성격이 강하고, 일본의 가족은 경영 공동체적 성격이 강하다고 합니다. 물론 일본인이 혈연을 중시하지 않는다는 말은 아닙니다. 다만 한국에서는 남성 혈육이 있어야 집안이 이어진다고 생각하지만, 가업을 이어 가는 게 중요한 일본에서는 후대가 남성이든 여성이든 상관없습니다. 여성이 집안을 이었다면 데릴사위를 들이기도 하지요. 한국과 달리 일본은 여성이 결혼하면 남성의 성姓으로 바뀝니다. 데릴사위라면 거꾸로 남성이 여성 쪽 성을 따르지요.

자손이 없으면 어떡하냐고요? 그럴 때 한국은 대가 끊긴다고 생각하지만, 일본은 양자를 들입니다. 양자는 일본에서 그다지 특이한 일이 아닙니다. 유명인 중에도 꽤 눈에 띄지요. 아베 신조 총리의 동생은 국회 의원 기시 노부오岸信夫입니다. 형제인데 성이 서로 다른 이유는 기시 노부오가 아베 집안에서 태어나 기시 집안에 양자로 들어갔기 때문입니다. 이처럼 일본에서는 집안의 계승이 혈연을 잇는 것보다는 가업 또는 전통을 지켜 나가는 것으로 이뤄진다고 생각하기에 경영 공동체적이라고 이야기됩니다.

가족 개념의 차이는 결혼 범위에서도 다르게 나타납니다. 일본은 사촌 간 결혼도 가능합니다. 그에 비해 한국은 팔촌 이내 결혼이 금지되어 있고, 1996년까지는 동성동본, 즉 성과 본관이 같기만 해도 결혼할 수 없었지요. 우리는 가족을 혈연 공동체로 보려는 성향이 매우 강하고, 그 범위를 일본보다 넓게 생각하는 것입니다.

죽음의
문화

한국과 일본의 가족 개념 차이는 충과 효라는 전통적인 가치관에도 영향을 주었습니다. 한국에서 자살은 부모가 준

목숨을 자기 마음대로 버리는 것인 데다 대를 끊어 집안의 계승에
도 문제를 일으키니 불효가 틀림없습니다. 하지만 일본에서는 집
안의 명예를 지키고 가업을 이을 수만 있다면 자살은 불효가 아니
게 됩니다. 혈육이 없어도 대가 끊긴다고 생각하지 않으니 더더욱
불효가 아닐 수 있지요. 앞서 살펴보았듯이 집안은 남성이 아니
라 여성이 이어도 괜찮고, 심지어 혈육이 아닌 데릴사위나 양자
가 이어도 상관없습니다. 따라서 가장 큰 집家인 국가國家를 위해
서 목숨을 바치는 경우, 일본에서는 충과 효가 대립하지 않을 가
능성이 큽니다. 제2차 세계 대전에서 수천 명 때로는 수만 명의
일본군이 포로가 되지 않기 위하여 자살을 택한 이른바 '옥쇄' 작
전, 그리고 적군의 함대에 자살 공격을 감행한 가미카제 특공대
는 일본인의 죽음과 충에 대한 독특한 문화를 전 세계에 보여 주
었습니다.

한국과 일본이 죽음을 다르게 인식한다는 것은 전통문화에서
도 찾아볼 수 있습니다. 사무라이들이 스스로 배를 갈라 죽는 할
복이 대표적이지요. 우리나라에서는 부모로부터 받은 신체를 훼
손하면 안 된다는 문화가 있기에 죄인에게 사약을 내렸습니다.
극악무도해야 목을 베었지요. 일본은 반대였습니다. 신체를 훼
손하는 할복이 명예로운 죽음으로 여겨져 무사 계급에게 허용되
었지요. 극악무도한 죄를 지었을 경우에는 할복을 허용하지 않았
고, 우리나라처럼 목을 베었습니다.

죽음에 대한 인식 차이는 일본인이 즐겼던 이야기에서도 엿볼 수 있습니다. 일본의 『로미오와 줄리엣』이라 불리는 『이모세야마』를 살펴보도록 하죠. 대대로 사이가 나쁜 두 집안의 남녀가 사랑에 빠지지만 결국 죽음을 맞게 된다는 줄거리는 두 이야기가 비슷합니다. 『로미오와 줄리엣』의 연인은 자신들이 속한 집단에서 벗어나 자유를 찾아 도피하다가 잘못되어 죽음을 맞지요. 반면 야마토 왕조 시대를 배경으로 하는 『이모세야마』의 주인공들은 자유와 도피를 선택할 수조차 없습니다. 남자 주인공은 권력자로부터 주군의 비밀을 밝히라고 강요받습니다. 즉 주군을 배신하라는 것이지요. 여자 주인공은 권력자의 측실로 들어오라는 요구를 당하고요. 받아들일 수 없는 명령에 고민하던 연인은 결국 죽음을 선택하여 각자 부모의 칼에 죽습니다. 집안의 명예를 지키기 위한 죽음이기 때문에 부모가 손수 나선 것입니다. 『로미오와 줄리엣』에서는 집단에 대한 충성과 부모에 대한 효가 모두 뒷전으로 밀립니다. 하지만 『이모세야마』의 연인은 부모의 손에 죽음으로써 충과 효를 모두 지킨 셈이 됩니다.

미디어

전통 매체의 여전한 영향력

신문을 가장 많이
발행하는 나라

　매일 아침 집 앞에 배달되는 신문을 기다리던 때가 있었습니다. 가장 먼저 화제가 되는 뉴스가 무엇인지 1면 기사로 확인하고, 신문을 뒤집어서 맨 뒤에 실린 텔레비전 편성표를 보며 오늘 무슨 재미있는 방송을 하나 찾았지요. 그리고 연재되는 소설을 천천히 읽었습니다. 퇴근길에는 석간을 사서 하루 동안 무슨 일이 일어났는지를 알기도 했고요. 그런데 인터넷 보급 이후, 결정적으로 스마트폰을 손에 쥐게 되며 종이 신문을 찾

2016년 4월에 일어난 구마모토 현 지진을 대서특필한 일본의 주요 일간지들.

아보는 일이 현격히 줄어들었습니다. 2014년 수치를 보면 우리
나라 신문 중 발행 부수 1위는『조선일보』로 167만 부였고, 2위
는『중앙일보』로 105만 부, 3위는『동아일보』로 91만 부를 발행
했습니다. 일본은 우리나라에 비해 인터넷과 스마트폰의 보급이
아직은 신문 발행 부수에 큰 영향을 주고 있지 않습니다. 발행 부
수 1위인『요미우리 신문』은 2014년 기준 조간 956만 부, 석간
321만 부를 발행했습니다.『요미우리 신문』은 조석간을 합쳐 매
일 1,200만 부를 찍어 내는 것이지요. 이는 현재 세계 최다 기록
입니다. 2위는『아사히 신문』으로 조간 743만 부, 석간 240만 부
이고, 3위인『마이니치 신문』이 조간 330만 부, 석간 95만 부를

발행했습니다. 스포츠 신문 중 1위인 『도쿄 스포츠』도 242만 부가 발행되었지요. 일본에서 매일 100만 부 이상 발행되는 신문이 15종이나 됩니다.

판매 부수 외에 일본 신문의 큰 특징 중 하나는 1면에 있습니다. 1면의 윗부분 기사가 가장 중요한 뉴스를 전달하는 점은 우리나라와 같지요. 그런데 일본의 신문은 광고료가 제일 비쌀 1면 아랫부분에 책 선전을 실어 줍니다. 단행본 광고일 때는 8개의 직사각형으로 구역을 나누고, 잡지 광고일 때는 6개로 나누는 규칙이 있지요. 세로쓰기로 오른쪽에서 왼쪽으로 읽는 일본 신문의 특성상, 가장 먼저 눈이 가는 맨 오른쪽 광고는 대학 출판사나 학술서 출판사에 할당되고, 왼쪽으로 갈수록 실용서나 아동서를 내는 출판사의 광고가 살립니다. 대중소설 광고는 1면에 싣지 못하고, 2면 이후에 실을 수 있지요. 1면에 책 광고가 있느냐 없느냐에 따라 일반 신문과 스포츠 신문이 나뉜다고 할 정도로, 일반 신문은 자신들의 자존심을 1면에서부터 나타냅니다. 1면에 책 광고를 싣는 것은 종이 매체를 대표하는 신문이 당연히 해야 할 역할이라고 생각하는 것 같습니다.

잡지로 시작되는
출판문화

한국에서는 '언론 고시'라고 불릴 만큼 언론사 취직

150

편의점에 진열된 잡지들. 그 자리에서 읽을 수 없게끔 끈으로 묶여 있다. 일본 출판 시장의 중심은 우리나라와 달리 단행본이 아니라 잡지다.

이 어렵고 인기도 높습니다. 일본에서도 '마스코미^{マスコミ} 취직'이라 하여 언론사는 인기 있는 취업 분야 중 하나이지요. '마스코미'는 '매스 커뮤니케이션'의 일본식 준말입니다. 우리나라의 언론 고시가 신문사와 방송사를 가리키는 반면, 일본에서는 거기에 출판사도 들어갑니다. 출판사의 위상이 언론사에 견줄 정도로 높은데, 이는 그만큼 책과 잡지가 많이 팔리고 있음을 뜻하지요. 심지어 대형 출판사 중 하나인 가도카와쇼텐은 영화사를 운영하기도 합니다. 가도카와 영화사는 일본의 4대 영화사로 꼽히지요. 미야자키 하야오의 작품을 제작한 애니메이션 회사 '스튜디오 지

브리'도 도쿠마쇼텐이라는 출판사의 자회사로 출발했습니다. 일본의 출판사는 문화 산업의 중심 역할을 하고 있는 것입니다.

하지만 최근에는 일본의 출판 시장도 사정이 좋지 않습니다. 2015년 단행본과 잡지의 판매액은 1조 5200억 엔이었습니다. 이 또한 절대 작은 규모가 아니지만, 2000년대 초반에만 해도 2조 5000억 엔을 넘었으니까 많이 줄어든 것이지요. 2015년 판매액 중 단행본은 7400억 엔, 잡지는 7800억 엔 정도를 차지합니다. 단행본이 아니라 잡지가 출판 시장을 이끈다는 점도 일본의 특징입니다. 시사 잡지, 패션 잡지, 여행 정보지, 스포츠 잡지 등 성별, 나이, 취향에 맞춘 각양각색의 잡지들이 매주 쏟아져 나옵니다. 2015년 조사에 의하면 월간지『분게이슌주』는 매달 50만 부가 판매되었고, 시사 주간지『주간 분슌』은 매주 60만 부 이상 발행했습니다. 주간지라 하면 만화 잡지를 빼놓을 수 없겠죠.『주간 소년 점프』는 매주 240만 부가 판매되고 있습니다.『주간 소년 점프』에『드래곤볼』과『슬램덩크』가 함께 연재되던 1990년대 초중반에는 매주 발행 부수가 600만 부를 넘기도 했지요.『주간 소년 점프』가 발행되는 월요일 저녁 지하철에서는 평소와 달리 만화 잡지에 빠져 있는 사람들을 많이 마주칠 수 있습니다.

소설의 경우에는 일본뿐 아니라 동아시아에 큰 영향을 미치고 있습니다. 한국 서점은 물론이고 중국이나 타이완에 가도 번역된 일본 소설이 베스트셀러 코너를 차지한 광경을 쉽게 볼 수 있지요. 일본의 '국민 작가'라 할 수 있는 무라카미 하루키의 신작이 나올 때면 각국 서점에서 줄을 서서 구입하기도 합니다. 하루키의 대표작『상실의 시대』는 일본에서 1000만 부 넘게 판매되었고, 그의 작품은 전 세계 40여 개국에 번역되어 출판되었습니다.

　일본에서 계속해서 새로운 작가와 작품이 배출될 수 있는 이유는 수많은 문학상이 존재하기 때문입니다. 물론 문학상을 받은 작품에 관심을 기울여 주는 두꺼운 독자층이 없으면 안 되겠지요. 가장 유명한 문학상은 아쿠타가와상과 나오키상입니다.* 두 상은 매년 1월과 7월 두 번 선정되는데, 아쿠타가와상은 순문학 작품을 대상으로 신인 작가에게 상을 주는 데 비해 나오키상은 대중소설이 심사 대상입니다. 출판사 직원이나 평론가가 뽑는 것이 아니라 유명 소설가들이 모여서 수상자를 선정한다는 점이 특징이지요. 매년 1월과 7월 일본은 두 문학상의 수상자 뉴스로 떠들썩합니다. 2013년 1월에는 만 75세 여성이 아쿠타가와상을 수상하여 화제가 되었고, 2015년 7월에는 개그맨이 이 상을 받기도 했지요.

우리와 사뭇 다른
방송 환경

　　　　한국의 지상파 방송국은 KBS, MBC, SBS, EBS 등이 있습니다. 일본의 지상파 방송국은 NHK, 니혼테레비日本テレビ,

정치
경제
사회

테레비아사히テレビ朝日, TBS, 후지테레비フジテレビ, 테레비도쿄テレビ
東京로 6개입니다. 지상파 방송 이외에 일본에는 케이블 방송보다
위성 방송이 발달하여, 방송 위성을 이용한 BS 방송과 통신 위성
을 이용한 CS 방송이 있습니다. 가장 영향력이 큰 것은 역시 지
상파 방송입니다. 일본의 지상파 방송국들은 특정 신문사와 계
열사 관계를 맺고 있습니다. 니혼테레비는『요미우리 신문』, 테
레비아사히는『아사히 신문』, TBS는『마이니치 신문』, 후지테레
비는『산케이 신문』, 테레비도쿄는『니혼게이자이 신문』과 연결
되어 있지요. 그리고 공영 방송인 NHK를 제외한 일본의 지상파
방송은 한국의 케이블 방송처럼 프로그램 도중에 광고가 방영됩
니다.

한국의 텔레비전 드라마는 월화 드라마, 수목 드라마, 주말 드
라마처럼 일주일에 두 편씩 방영되지만, 일본은 일주일에 한 편
을 방영합니다. 일본의 방송 편성은 3개월마다 개편되는 분기제
가 확실하여 드라마도 10, 11회로 끝납니다. 남는 주에는 '스페셜
드라마'라고 하여 1, 2회로 완결되는 작품이 방영되지요. 한국과
또 다른 점은 드라마가 방영 직후에 재방송되지 않는다는 것입니
다. 다시 보고 싶은 사람은 어떡하냐고요? 몇 년을 기다리면 재
방송되지만, 대부분의 텔레비전 드라마는 방영이 끝난 후 DVD
나 블루레이Bluray로 출시됩니다. 사람들은 그걸 구입하거나 빌
려 보지요. 한국과 일본에서 재방송을 통한 수익 구조가 다른 것

● DVD의 뒤이은 광디스크 규격으로 일본 소니에서 개발했다. DVD와 디스크
크기는 같지만, 128기가바이트까지 데이터를 담을 수 있고 영상 및 음성의 품질
도 훨씬 개량되었다.

입니다.

주간 시청률 1위는 별일이 없는 한 아침 8시부터 15분간 방송되는 NHK의 아침 드라마가 차지합니다. 한 작품이 6개월 정도 지속되고, 대부분 주인공인 젊은 여성이 역경에도 불구하고 밝고 힘차게 살아가는 모습이 그려지지요. NHK는 한국의 KBS와 마찬가지로 공영 방송인데, 광고가 전혀 없이 시청료로만 운영됩니다. 지금도 시청료를 받기 위해 집집마다 NHK 직원들이 방문합니다.

NHK에는 일본을 대표하는 장수 프로그램이 많습니다. 그중에서 1946년부터 시작한 「노래 자랑のど自慢」은 KBS의 「전국 노래 자랑」과 비슷합니다. 1951년부터 시작한 연말 가요 프로그램 「홍백가합전紅白歌合戰」도 빼놓을 수 없지요. 한국도 KBS가 연말에 「가요대축제」를 방송하고, 중국 공영 방송 CCTV 역시 「춘절연환만회春節聯歡晚會」를 방영합니다. 한국·중국·일본의 국영 방송이 한 해를 가요 프로그램으로 마무리하는 것도 동아시아의 재미있는 공통점이겠습니다.

학교
일찍 시작하는 입시 준비

초등학교 수험과 내부 진학,
그리고 급식

우렁찬 울음소리와 함께 일본의 한 병원에서 A라는 아이가 태어났다고 합시다. 쑥쑥 자란 A가 초등학교에 들어갈 나이가 되면 수험생이 됩니다. '수험생'이라고 하면 우리나라는 대학교 입시를 앞둔 고고 3학년생을 떠올리지만, 일본에서는 그렇지도 않습니다. 유명 사립 초등학교에 들어가려면 입학시험을 봐야 하기 때문입니다. 사립 대학의 부속 초등학교는 입학만 하면 대학까지 큰 어려움 없이 진학할 수 있습니다. 소위 '내부 진학'

이라 불리는 것으로, 유명한 사립 대학인 와세다대학이나 게이오기주쿠대학 부속 초등학교에 입학하면 와세다대학, 게이오기주쿠대학까지 시험 없이 진학할 수 있지요. 아베 신조 총리도 그러한 경우입니다. 아베 총리는 세이케이초등학교를 들어간 뒤, 쭉 내부 진학을 하여 세이케이대학에 입학했습니다.

사립 초등학교의 경우 부모와 아이가 함께 면접을 봐야 합니다. 사실상 부모 면접이라 할 수 있지요. A는 사립이 아닌 동네의 공립 초등학교에 입학합니다. 공립 초등학교에 교복은 없지만 대부분의 학생들이 란도세루ランドセル라 불리는 가방을 메고 등교합니다. 란도세루는 군인들의 배낭을 뜻하는 네덜란드 말 '란셀ransel'에서 유래했습니다. 메이지 시대부터 일부 부유층 아이들이 란도세루를 학생용 가방으로 썼는데, 1950년대 일본 경제가 성장하면서 모든 초등학교 학생들의 전용 가방처럼 되었지요. 란도세루의 가격은 4만 엔부터 시작해서 비싼 경우 10만 엔을 넘기도 합니다. 란도세루 구입은 절대로 학교가 정한 의무 사항이 아닙니다. 그렇지만 란도세루가 아닌 가방을 메면 따돌림을 당하기 쉬운 데다 이제는 초등학생의 상징이 되어 버려서 비싼 가격에도 불구하고 학부모들이 구입하지 않을 수 없습니다.

A의 부모님은 란도세루뿐 아니라 급식비도 부담해야 합니다. 일본에는 무상 급식이 없냐고요? 없습니다. 우리나라는 2003년부터 모든 초·중·고등학교에서 급식을 실시했고, 지자체에 따

일본 초등학생들의 필수품인 란도세루. 군용 배낭에서 유래한 것이다.

라 무상 급식도 시행하고 있지요. 일본은 우리보다 훨씬 앞선 1956년부터 초등학교와 중학교에서 급식을 시작했지만, 무상으로 급식한 적은 없습니다. A의 부모님이 급식비는 내야 해도 아이에게 드는 의료비는 적습니다. 중학교를 졸업할 때까지는 아이들 의료비를 지방 자치 단체에서 부담해 주기 때문입니다.

중학교 입시의 중요성

A가 초등학교 6학년이 되면 또 수험생이 됩니다. 이른바 '중학 수험'이지요. 대학 진학률이 높은 고등학교에는 사

립이 많은데, 대부분의 사립 고등학교는 중학교와 연결되어 있는 '중고일관교中高一貫校' 형태입니다. 따라서 사립 고등학교와 연결되어 있는 중학교 입학시험이 중요할 수밖에 없습니다. 같은 6학년이더라도 우리나라와는 의미가 사뭇 다르지요. 한국에서도 리메이크되었던 일본 드라마 「여왕의 교실」은 바로 초등학교 6학년 교실을 배경으로 합니다. 드라마 속 아이들은 성적순으로 급식을 받고, 성적이 나쁘면 청소를 도맡아야 합니다. 주인공 여교사의 의도는 아이들에게 6학년이 인생을 좌우하는 중요한 시기임을 알려 주려는 것입니다. 어떤 중학교로 진학하느냐가 대학까지 결정짓기 때문이죠. 다만 중학교 입학을 둘러싼 사정이 한국과 매우 다르기 때문에 한국 시청자들이 공감하기 쉽지 않은 드라마였습니다.

한국에서 고교 평준화˚가 실시된 지역의 학부모들은 아이들을 특목고나 자사고에 보내거나, '좋은' 학군으로 이사를 가려고 합니다. 그 때문에 학군은 한국에서 부동산 가격을 정하는 중요한 요인 중 하나가 되었지요. 일본은 어떨까요? 일본은 한국보다 7년 빠른 1967년 고등학교 서열을 없애고 학교 간 격차를 줄이기 위하여 학군제를 실시했습니다. 한국에서는 일부 학군으로 사람들이 몰리는 현상이 일어났지만, 일본은 그렇지 않았습니다. 일본에서 사립 학교는 학군제에 포함되지 않았고, 학생 선발권을 유지했기 때문입니다. 학군제 실시 이전에는 도쿄대학 합격자 순위에서 공립 학교들이 상위권을 전부 차지했지만, 실시 이후 합격자 순위 상위권은 사립 학교들이 독차지하고 있습니다. 입학 시험을 봐야 하는 공립 고등학교와 달리, 사립 고등학교는 대부분 중고일관교이기 때문에 입학시험이 없습니다. 그 덕에 사립에서는 공립보다 장기적이고 안정적으로 대입을 준비할 수 있지요. 학군제가 실시되며 공립 학교의 서열은 없어졌지만 그 대신 사립 학교가 서열화되었고, 고교 입시보다도 중학교 입시가 중요해졌습니다. 결국 2004년에 학군제가 폐지되었지만, 사립 학교의 독주는 지금도 변함없습니다.

대입과
로닌

공립 고등학교에 들어간 A는 3년 뒤 대학 입학시험을 봅니다. 대학 입학시험은 추천 입학과 AO 입시, 그리고 일반 입시로 나뉩니다. 추천 입학은 학교장 추천을 받아 대학에 진학하는 것입니다. AO 입시는 각 대학 입학 관리국Admissions Office이 주도하여 학생을 선발하는데, 한국의 입학 사정관제와 비슷하지요. 일반 입시는 한국의 수학 능력 시험에 해당하는 센터 시험의 성적으로 대학에 지원합니다.

A는 일반 입시를 선택하여 센터 시험을 봅니다. 센터 시험은 한겨울인 1월 중순에 시행됩니다. 한국에 수능 시험 날이 되면

추워진다고 해서 '수능 한파'라는 말이 있듯이, 일본에는 센터 시험 날에 꼭 눈이 온다는 말이 있습니다. 시험과 날씨를 연결해서 생각하는 방식이 서로 닮았지요. 먹을거리와 시험을 연결 짓는 것도 비슷합니다. 알다시피 우리나라에서는 시험 전에 미역국을 먹으면 미끄러져서 불합격한다고 하지요. 일본에는 시험 때 일부러 찾아 먹는 음식이 있습니다. 바로 가쓰돈과 비엔나소시지입니다. 가쓰돈은 돈가스를 올려놓은 덮밥인데, '가쓰'라는 발음이 일본어로 '이기다'라는 뜻인 동사 '가쓰勝つ'와 같습니다. 비엔나는 일본에서 '윈나ウィンナ'라고 하는데, 영어로 승자를 뜻하는 'winner'와 발음이 같아서 수험생들이 즐겨 먹지요.

수능 시험은 하루에 끝나지만 센터 시험은 이틀간 봅니다. 첫째 날은 일본어, 외국어, 지리·역사, 둘째 날은 수학과 과학이지요. 일본에서는 시험 당일 혼잡을 피하기 위해 국가적으로 출근을 1시간 늦춘다든지, 지각할 것 같은 수험생을 경찰차로 태워다 준다든지 하는 장면이 벌어지지 않습니다. 한 일본인 학자는 저에게 그러한 한국의 풍경이 너무 이상하다고 말한 적이 있습니다. 대학 수험생에게 왜 국가가 '특별 대우'를 해 주어야 하느냐고요. 우리는 당연하다고 여겨 왔던 일들이 일본인에게는 이렇게 다르게 보이는구나 하고 새삼 깨달았습니다.

A가 재수한다면 우리나라의 재수 학원에 해당하는 '예비교予備校'를 다니게 됩니다. 재수생은 일본에서 '로닌'이라 불립니다. 로닌

은 '낭인浪人'의 일본어 발음으로, 소속 없이 떠도는 사무라이를 일컫던 말입니다. 삼수생은 숫자를 덧붙여 '니로二浪'가 되지요.

A가 대학에 들어가면 4월에 입학식을 치르게 됩니다. 1998년 개봉한 이와이 슌지 감독의 영화 「4월 이야기」는 도쿄의 대학에 입학한 신입생이 주인공입니다. 주인공은 홋카이도에서 도쿄로 이사하여 새로운 이웃과 인사하고, 대학에서 친구들도 사귀지요. 그리고 첫사랑을 만납니다. 이러한 내용이 벚꽃이 화려하게 핀 거리를 배경으로 펼쳐집니다. 모든 것이 새로이 시작하는 때를 그렸기에 감독은 '4월 이야기'라고 제목을 붙였습니다. 일본은 학교뿐 아니라 회사와 관공서 등이 모두 4월을 한 해가 시작하는 달로 삼습니다. 이 영화가 한국이 배경이었다면 '3월 이야기'가 되었겠죠.

자위대

일본은 군대를 지니게 될 것인가

자위대와
주일 미군

도쿄 신주쿠에 위치한, 우리나라의 국방부에 해당하는 방위성에 견학을 간 적이 있습니다. 미리 인터넷으로 등록을 하고 신분증만 가지고 가면 누구나 참여할 수 있지요. 2시간 반 정도 자위대 장교의 안내를 받으며 방위성에 있는 여러 시설을 둘러보았습니다. 외국인은 거의 없었고 저와 같이 돌아다닌 분들은 대부분 일본 할아버지들이었지요. 그분들은 저를 자위대 마니아 정도로 여기는 듯했습니다. 견학은 기념품을 파는 매장에서 마무리되었습니다. 여기에 참여한 할아버지들은 예전의 자위대 생활을 그리워하여 왔을까요? 그렇지는 않을 것입니다. 일본인에게 자위대란 일상적이지 않고 오히려 신기한 곳입니다. 대부분의 남성이 의무적으로 군대를 가야 하는 우리나라와 달리, 일본 남성은 자위대에 꼭 입대할 필요가 없습니다.

모병제인 자위대는 어떻게 구성되어 있을까요? 일반 병사는 직무에 따라 2년 또는 3년 계약직이고, 하사관과 장교는 정년이 있는 정규직입니다. 병사, 하사관, 장교는 제각각 다른 채용 과정을 거쳐 선발됩니다. 일본에는 우리나라처럼 일반 대학에 군사 훈련 과정을 설치하여 장교를 양성하는 학군단 제도가 없습니다. 사관 학교도 우리나라에는 육군 사관 학교, 해군 사관 학교, 공군 사관 학교로 나뉘어 있지만, 일본은 방위 대학교 하나이지요. 자위대의 총병력은 24만 명이고, 한국군은 65만 명입니다. 한국이 징병제를 도입하고 있기 때문에 총병력이 많지만, 국방비를 비교해 보면 일본이 1.5배 정도 많습니다. 한국보다 병력이 적음에도 훨씬 많은 국방비를 투자해 왔다는 점은 장비 면에서 일본이 우리보다 앞서 있음을 알려 줍니다.

일본의 국방을 담당하는 또 하나 중요한 존재가 있습니다. 바로 미군입니다. 일본은 국방의 많은 부분을 미군에 의지함으로써 패전 후 경제 회복에 전념할 수 있었습니다. 주일 미군의 규모는 5만 명이 넘는데, 이는 주한 미군보다 두 배 정도 많은 것이지요.

주한 미군 사령관은 육군이 맡지만 주일 미군 사령관은 공군이 맡는 점에서 알 수 있듯이, 주일 미군의 핵심은 공군입니다. 일본이 섬나라이기 때문이겠지요. 주일 미군의 사령부는 도쿄 서쪽에 자리한, 김포 공항과 비슷한 크기의 요코타 비행장에 있습니다. 도쿄 시내 한복판인 롯폰기에도 미군 부대가 있지요. 현재는 조그마한 땅을 차지하고 있지만, 패전 직후 롯폰기에는 미군이 대규모 상주하고 있었습니다. 미군 기지와 대사관들이 모여 있고, 이를 토대로 외국 문화가 많이 유입된 지역이라는 점에서 롯폰기는 서울의 이태원과 매우 닮았습니다.

자위대는
군대인가

그런데 왜 군대가 아니라 자위대라고 불릴까요? 자위대自衛隊가 자신自을 지키는衛 임무만을 수행하기 때문입니다. 즉 자위대는 다른 나라를 공격할 수 없고, 다른 나라가 쳐들어왔을 때 방어하는 역할만 할 수 있습니다. 일본의 군대는 1945년 전쟁에 패하면서 해체되었습니다. 이듬해인 1946년에는 천황에게 주권이 있다고 적힌 메이지 헌법이 폐기되고, 국민 주권을 내세운 새로운 헌법이 공포되었지요. 이 헌법이 지금까지 개정되지 않고 시행되고 있는데, 여기에는 다음과 같이 명시되어 있습니다.

정치
경제
사회

헌법 제9조

제1항 일본 국민은 정의와 질서를 기조로 하는 국제 평화를 진정으로 바라기 때문에 국권의 발동인 전쟁, 무력에 의한 위협 또는 무력 행사는 국제 분쟁을 해결하는 수단으로써 영구히 포기한다.

제2항 제1항의 목적을 달성하기 위하여 육해공군과 그 밖의 전력을 가지지 않는다. 국가의 교전권을 인정치 않는다.

이처럼 일본 헌법 제9조에는 국제 평화를 위하여 전쟁과 무력 행사를 포기하고 군대를 가지지 않으며, 다른 나라와 교전하지 않는다는 내용이 적혀 있습니다. 따라서 현행 헌법이 바뀌지 않는 한 일본에 군대는 존재할 수 없습니다. 그럼 자위대는 어떻게 생겨났을까요?

1950년 한국 전쟁이 일어나자 일본을 점령하고 있던 연합국 총사령부가 정책을 전환하여 일본에 '경찰 예비대'를 창설합니다. 이것이 1954년 자위대로 바뀌어 현재에 이르고 있지요. 헌법에 군대를 가지면 안 된다고 쓰여 있으니까 자위대는 위헌 아닌가요? 이런 질문에 대하여 일본은 방어만을 목적으로 하기 때문에 자위대는 군대가 아니라는 변명 같은 주장을 되풀이해 왔습니다. 게다가 일본의 보수 우익적인 사람들은 이 정도로는 부족하다고 하면서, 어떻게든 자위대의 활동 범위를 넓히기 위해 계속해서 노력하고 있습니다.

1970년 할복자살을 앞두고 현재의 이치가야 기념관 발코니에서 연설하는 미시마 유키오.

 제가 방위성 견학을 갔던 이유는 그 안에 있는 이치가야 기념관
을 보기 위해서였습니다. 그곳에는 패전 후 A급 전범 재판이 열
렸던 강당이 있습니다. 그리고 그 위층에는 작가 미시마 유키오
가 할복자살을 한 방이 있지요. 미시마 유키오는 노벨 문학상 후
보에 올랐던, 일본을 대표하는 소설가였습니다. 1970년 11월 그
는 전범 재판이 열렸던 건물의 발코니에 나가 밑에 모여든 자위
대원들을 향해 자위대는 군대가 되어야 하고, 그러기 위해서는
헌법을 개정해야 한다는 연설을 남긴 뒤 할복자살을 했습니다.
이는 보수 우익적인 일본인들의 속마음이 과격한 행동으로 표출
된 사건입니다.

헌법 제9조에
노벨 평화상을!

　　　　미시마 유키오가 죽은 지 21년이 지난 1991년, 자위대는 처음으로 해외에 파병되어 걸프 전쟁이 끝난 페르시아 만에서 기뢰를 제거했습니다. 자위대가 자신을 지킨다는 본연의 임무에서 벗어나기 시작한 것입니다. 이듬해인 1992년에는 일본 국회에서 자위대가 유엔 평화 유지 활동에 협력할 수 있는 법이 통과되어, 자위대의 해외 파병이 계속되고 있습니다. 그나마 이러한 파병은 후방 지원이나 유엔과 함께하는 활동에 한정되어 있었지요. 그런데 2015년 일본 국회는 자위대의 집단적 자위권을 인정하는 안보법을 통과시켰고, 이듬해 3월 발효되었습니다. 집단적 자위권이란 동맹 국가가 공격을 당해도 자위대를 파견할 수 있는 권리입니다. 이제는 일본이 직접 침략당하지 않아도 자위대가 전쟁에 참여할 수 있게 된 것이지요.

　일본의 야당은 안보법이 헌법에 어긋난다고 위헌 소송을 제기했습니다. 사실 보수 우익 세력들의 마지막 목표는 미시마 유키오가 말했듯 헌법을 아예 개정해서 자위대를 군대로 만드는 것입니다. 전쟁의 피해를 기억하는 일본인들이 아직 많기에 헌법 개정은 당분간 힘들어 보이지만, 안심할 수만은 없지요. 그래서 보수 우익 세력에 대항하기 위해 일본의 지식인들이 헌법 제9조를 노벨 평화상 후보로 추천하고 있습니다. 사람이나 단체가 아니라

2004년 이라크에 파견되어 난민을 지원한 자위대. 안보법이 통과되어 자위대의 해외 파병이 더욱 확대될 것으로 보인다.

법조문을 노벨 평화상 후보로 내세우는 이유가 이해되지요. 개헌 논의는 일본인뿐만 아니라 우리의 안전과도 직결되는 문제이기 때문에 일본의 동향을 더욱 냉철히 바라볼 필요가 있습니다. 일본군이 동아시아의 평화를 해치고 수많은 사람들을 희생시켰던 역사를 기억하는 한 말입니다.

- 일본에서는 2016년부터 고등학생도 투표할 수 있다고 하는데, 왜 바꾼 건가요?

일본은 만 20세 이상이어야 투표할 수 있었지만, 2016년 6월부터 만 18세 이상으로 바뀌었습니다. 만 18세면 고등학교 3학년에 해당하므로 고등학생도 투표할 수 있게 된 거죠.

투표할 수 있는 연령이 낮아졌다는 것은 젊은 유권자가 늘어났다는 의미입니다. 왜 제도를 바꿔야 했을까요? 일본에서도 우리나라의 양극화와 비슷한 격차가 문제시되었습니다. 선거권에 관해서는 부의 격차가 아니라 세대 간 격차가 문제였지요. 일본에서는 저출산 고령화로 노년층 유권자가 계속 늘어나는 반면, 청년층 유권자는 점점 줄어들고 있습니다. 정당들도 노년층을 겨냥한 정책을 우선하여 만들어 냈고, 청년층을 위한 정책은 뒤로 밀렸지요. 청년층과 노년층 사이에 정치적 격차가 생겨난 것입니다. 이러한 세대 간 격차를 해소하기 위하여 일본 정부는 투표할 수 있는 연령을 낮췄습니다.

투표할 수 있는 청년층이 늘어나도 투표율이 낮으면 소용없지 않느냐고요? 맞습니다. 일본도 우리나라처럼 청년층의 투표율이 노년층보다 매우 낮습니다. 하지만 청년층 유권자가 늘어나야 정당도 그들을 대상으로 한 정책을 새로이 만들어 내게 됩니다. 그럼으로써 청년층이 정치에 관심을 갖도록 유도하는 것이지요. 또한 고등학생이 투표할 수 있게 되면 학교 교육도 변화할 것입니다. 민주주의의 기본인 투표에 대한 교육이 강화되겠지요. 교육이 변화되어 투표에 참여하려는 의식이 높아지길 바라는 것도 투표 연령을 낮춘 이유 중 하나입니다.

● **일본에도 주민 등록 번호가 있나요?**

우리나라에서는 아기가 태어나서 출생 신고를 하면, 주민 등록 번호를 받습니다. 주민 등록 번호에는 언제 태어났는지, 남자인지 여자인지, 출생지가 어디인지 등 여러 가지 개인 정보가 들어 있지요.

일본 사람들에게는 주민 등록 번호가 없었습니다. 그럼 신분 증명을 무엇으로 했느냐고요? 사진이 붙어 있는 여권이나 운전면허증이 대표적인 신분증명서로 쓰였습니다. 하지만 둘 다 없는 사람도 많았죠. 그런 사람은 의료 보험증 같은 것으로 대신했습니다. 아니면 집으로 도착한 우편물의 포장이나 공공요금을 낸 영수증을 보여 주기도 했지요.

그런데 2016년부터 새로이 '개인 번호' 또는 '마이 넘버'라고 불리는 제도가 시행되었습니다. 개개인에게 번호를 할당한다는 점에서 우리나라의 주민 등록 번호와 비슷하지요. 인권이 침해될 우려가 있다고 계속 미루어졌는데, 경제가 어려워지면서 시행이 결정됐습니다. 경제가 어려운 것과 무슨 상관이었을까요? 그동안은 누가 얼마나 벌었는지 나라에서 알기 힘들었습니다. 그래서 세금을 제대로 걷지 못했지요. 하지만 개개인에게 번호를 부여함으로써 나라가 소득을 정확히 파악할 수 있게 되었고, 이 덕분에 빠뜨리는 세금도 줄어들었습니다. 사실 우리나라에서는 주민 등록 번호가 1968년부터 시행되었기 때문에 상식적인 이야기죠. 마이 넘버가 주민 등록 번호와 다른 점이 있다면, 장기 체류하는 외국인에게도 발급된다는 것입니다. 그리고 마이 넘버는 출생 연월일과 성별 같은 개인 정보를 알 수 없게 조합되어 있습니다.

그럼 우리처럼 주민 등록증도 있을까요? 우리나라는 만 17세가 되면 의무적으로 주민 등록증을 발급받아야 하고, 휴대해야 합니다. 일본에도 개인 번호 카드라고 하는 것이 있습니다. 다만 우리와 달리 희망자에게만 발급해 주고 갓난아기도 신청할 수 있지요. 그리고 휴대해야 하는 의무는 없습니다.

● 일본 사람들도 크리스마스카드나 연하장을 보내나요?

초등학교 때 색연필로 산타 할아버지를 그린 크리스마스카드를 선생님과 친구들에게 보낸 기억이 있습니다. 우리나라는 인터넷이 보급되면서 연말에 카드나 연하장을 보내는 일이 급격히 줄어들었지요. 이제는 SNS를 통해서 연말이나 새해 인사를 전하곤 합니다.

일본 사람들은 크리스마스카드를 거의 보내지 않고 연하장을 보냅니다. 우편 요금이 미리 포함된 엽서를 사서 내용을 손으로 쓰거나 컴퓨터로 인쇄하지요. 연하장에 새해 인사는 물론이고 올해에 있었던 큰일이나 내년에 있을 중요한 일들을 간단히 적기도 합니다. 결혼을 했거나 아이가 태어났으면 사진을 인쇄해서 보내기도 하고요.

　일본도 인터넷이 보급된 이후 연하장을 보내는 일이 많이 줄지 않았느냐고요? 그렇긴 한데 우리 기준으로 보면 전혀 적지 않습니다. 우체국에서 발매된 연하장 수가 매년 발표되는데, 2016년을 앞두고는 연하장이 32억 장 팔렸다고 합니다. 가장 많이 팔렸던 2003년에 44억 6000만 장이었으니, 12억 장 넘게 줄었지만 그래도 32억 장이나 됩니다. 일본인 1인당 연하장을 30통 정도 보내는 셈이죠.

　연하장 엽서에는 빨간 글씨로 '연하年賀'가 인쇄되어 있습니다. 인쇄되어 있지 않은 엽서에는 직접 연하라고 써넣어야 하지요. 연하라고 쓰인 엽서를 12월 중순부터 28일까지 우체통에 넣으면, 우체국이 보관하고 있다가 1월 1일에 한꺼번에 배달합니다. 그래서 일본의 우체국은 연하장 배송이 1년 업무 중 가장 큰 일입니다.

　연하장을 매년 30통씩 보내기란 결코 쉽지 않습니다. 아마도 일본 사람들은 연하장을 보낼 사람을 고르면서, 1년 동안의 인간관계를 되돌아보는 듯합니다. 일본에서는 1년에 한 번 연하장으로만 인사하는 사이를

가리켜 '연하장만의 관계'라고 표현하는데, 이렇듯 연하장을 보내는 데는
서로 관계를 확인하는 의식 같은 면도 있습니다.

일본인은
*04 무엇을
보고 먹고
즐길까

종교

팔백만 신의 나라

2015년 일본 정부가 조사한 바에 따르면, 신도神道 신자는 9,126만 명, 불교 신자는 8,690만 명, 기독교 신자는 294만 명이고, 그 밖의 종교 신자는 900만 명이라고 합니다. 신자 수를 다 합치면 1억 9,000만 명이 넘으니, 전체 일본 인구 1억 2,600만 명보다 훨씬 많습니다. 개개인에게 물어본 것이 아니라 각 종교 단체가 제출한 신자 수를 집계했기에 이런 결과가 나왔지요. 이 통계를 보면 일본인 대부분이 신도와 불교를 모두 믿고 있으며,

생활
문화

177

새해를 맞이하여 한 해의 복을 기원하기 위해 신사를 찾은 일본인들.

그에 비해 기독교 신자는 전체 인구의 2퍼센트를 조금 넘는 정도로 많지 않음을 알 수 있습니다. 하지만 섣불리 종교를 믿는 일본인이 많다고 여겨서는 안 됩니다. 개개인에게 종교 의식을 물어본 여론 조사의 결과는 전혀 다릅니다. 2009년에 이뤄진 여론 조사에서 종교가 있다고 답한 일본인은 약 25퍼센트밖에 안 되었습니다. 여론 조사를 근거로 '일본인은 무종교다.'라고 이야기하는 이도 있지요.

이렇게 물을지 모르겠습니다. "일본에 가 보니 교회는 몰라도 불교 사찰과 신사가 굉장히 많던데요? 그리고 일본인들은 정월 초하룻날에는 신사를 가고, 결혼식은 기독교식으로 하고, 죽을 때는 불교식으로 장례를 치른다고 하던데요? 이는 종교가 아닌가요?" 하고 말입니다. 종교의 정의를 어떻게 내리느냐에 따라 다르겠지만, 일본인들의 이러한 행위는 민속이나 풍습에 가깝습니다. 우리나라에서 합격을 기원하며 대학 정문에 엿을 붙이거나 설날과 추석에 차례상을 차리고 조상에게 절하는 것을 종교적 행위라고 부르지 않는 것과 마찬가지지요. 종교 단체에서 세는 신자 수에는 민속이나 풍속으로 종교를 찾는 이들까지 포함되어 있기에 많을 수밖에 없습니다. 그렇다면 왜 신도, 불교, 기독교를 종교로 삼는 사람들이 많지 않을까요? 그 해답은 각각의 종교가 겪은 역사에서 찾을 수 있습니다.

신도와
불교의 공존

신도는 일본의 토속 신앙에 바탕을 두는 종교로, 신도의 신을 모시는 곳을 신사神社라고 부릅니다. 어떤 신을 모시느냐가 중요하겠죠. 신도에는 '팔백만의 신'이 있다고 합니다. 여기서 팔백만이란 정확한 숫자를 가리키는 것은 아니고, 자연의 모든 것이 신이 될 수 있다는 의미입니다. 일본 신화나 전설 속에

생활
문화

나오는 신들은 물론이고, 역사적 인물, 산신령, 동물 등도 신으로 모셔집니다. 그중에서도 천황가 및 천황가와 관련된 신화에 등장하는 신을 모시는 신사는 격이 다르게 여겨지지요. 이런 신사는 신궁神宮으로 부르곤 합니다.

다양한 신을 모시기 때문에 신도에는 이렇다 할 교리나 경전이 없습니다. 신도는 불교가 들어오면서 종교가 되었다고 할 수 있습니다. 그만큼 신도는 불교와 사상적·공간적으로 공존해 왔지요. 두 종교가 혼합되어 신도의 신들이 불법을 보호한다든가, 부처가 토착신의 모습으로 변화했다든가 하는 인식이 생겨나기도 했습니다. 또한 신사와 절이 붙어 있는 경우도 많습니다. 예를 들어 도쿄의 아사쿠사淺草에는 센소지淺草寺라는 사찰이 있는데, 센소지의 본당에서 불과 몇 발자국 떨어진 곳에 아사쿠사 신사가 위치해 있지요.

불교는 백제와의 교류를 통하여 일본으로 전래되었습니다. 백제 멸망 이후에는 견당사를 따라 당나라로 유학을 갔다 온 일본 승려들이 불교를 발전시켰지요. 불교는 신도와 관계를 맺는 한편, 각 계층에 따라 서로 다른 종파가 전해졌습니다. 국가적으로는 나라를 지키는 호국 불교가 자리 잡았고, 귀족들 사이에서는 기원을 들어주는 밀교가 유행했지요. 또한 서민들은 염불만 외우면 깨달음을 얻을 수 있다는 정토종을 선호했습니다. 무사들이 정권을 잡은 뒤에는 좌선을 통하여 마음을 다스리는 선종이 널리 퍼졌지요. 당시 선종 승려들은 무사들의 참모 역할을 하기도 했습니다.

기독교의 전래와
불교의 세속화

기독교는 16세기 중반 일본에 전파되었습니다. 때는 전국 시대로 각지의 번들이 군사력을 키우고 있었지요. 다이묘들은 포르투갈 선교사들이 가져온 화승총과 과학 기술을 받아들였고, 그 대신 기독교 포교를 허용했습니다. 기독교로 개종하는 다이묘도 있었고, 일본 전역에 30~40만 명에 이르는 신자들이 생겨났지요. 특히 신자가 많았던 규슈 지역에서는 네 명의 소년을 중심으로 한 사절단을 유럽에 파견했습니다. 1582년 나가사키에서 출발한 사절단은 마카오를 거쳐 1584년 포르투갈에 도착합니다. 그들은 스페인에 들렀다 로마에서 교황을 알현하고, 다시 오랜 시간을 걸려 일본에 돌아왔지요. 그런데 사절단이 돌아온 1590년에는 출발했을 때와 분위기가 너무나도 달랐습니다. 전국 통일을 마무리하고 있던 도요토미 히데요시가 선교사 추방령을 내렸던 것입니다. 전국 시대에 환영받았던 선교사는 통일 세력의 눈에 위협적인 존재로 보였습니다. 각 번들이 선교사를 통하여 외국과 교류할 가능성이 있었고, 기독교인들은 국가에 대한 충성보다 신앙을 우선시한다고 여겨졌기 때문이지요. 그리고

생활
문화

16세기 나가사키에서 벌어진 기독교인 박해를 묘사한 이탈리아 화가 탄치오 다바랄로의 그림.

대항해 시대를 맞아 아메리카 대륙까지 진출한 서구 세력이 일본을 위협할지 모르며, 선교사는 바로 그 첨병이라는 유언비어가 퍼져 부정적인 인식을 부채질했습니다.

　에도 막부가 들어서면서 기독교인에 대한 박해가 더욱 격해집니다. 기독교를 믿는 것 자체가 금지되고, 각지에서 순교자가 나왔지요. 1637년에는 규슈의 시마바라島原에서 기독교인을 중심으로 한 대규모 반란이 일어납니다. 성을 차지하고 농성하던 3만 7,000여 명의 반란군은 결국 대부분 막부군 손에 죽고 말았지요. 시마바라의 반란에 놀란 에도 막부는 기독교인 색출을 한층 강화하고, 자신이 기독교인이 아니라 불교 신자임을 증명하는 문서를 절에서 발급받도록 했습니다. 이 문서는 신분증과 같았습니다. 따라서 당시 모든 사람들은 각 지역의 절에 소속되었고, 절은 하급 관청 역할을 하게 됐지요. 또한 절은 장례식을 도맡았고, 묘지 관리도 했습니다. 이러한 역할을 맡으면서 일본 불교는 점점 종교적인 성격에서 멀어져 갑니다. 지금도 장례식은 절이 담당하고 있어서, 일본 불교는 '장례식 불교'에 지나지 않는다고 평하는 연구자들도 있지요.

국가 신도

19세기 중엽 메이지 유신으로 기독교 금지가 풀리고 종교의 자유가 보장됩니다. 한편 메이지 정부는 신도를 국가의 종교로 지정합니다. 겉으로는 종교의 자유가 보장되었지만 기독교나 불교, 그 밖의 다른 종교는 그 교리가 신도와 부딪칠 경우 철저하게 탄압받았지요. 메이지 정부는 1,000년 이상 공존해 오던 불교와 신도를 분리하라는 명령을 내립니다. 그러자 사람들이 절에 몰려가 불상이나 건물을 부수기도 했습니다. 이러한 파괴

생활
문화

행위는 신도 세력이 주도했고, 일반 민중은 오랫동안 하급 관청 역할을 했던 절에 반발심이 쌓여서 참여했지요.

전국의 신사는 모두 국가가 관리하게 되었고, 천황과 관련이 있느냐 없느냐에 따라 신사의 격이 달라졌습니다. 본래 주변 사물이나 자연에서 신을 발견해 내는 다양성을 지녔던 신도가 천황제와 연결되어 버린 것입니다. 천황은 최고의 정치권력을 가진 동시에 종교적으로도 전 국민의 숭배 대상이 되어 살아 있는 신으로 받들어졌습니다. 이른바 '국가 신도'가 만들어진 것입니다. 일본은 식민지에도 국가 신도를 강요하여 조선에서 신사 참배를 억지로 시켰고 저항하는 이들을 핍박했습니다. 패전 후, 연합국 총사령부는 쇼와 천황에게 인간 선언을 하라고 해서 천황이 살아 있는 신이 아님을 일본인에게 알립니다. 또한 정교분리를 함으로써 국가 신도가 해체되어 국가와 종교를 잇던 끈이 끊어집니다.

옴 진리교
사건

불교의 세속화, 신도의 국가주의화, 기독교의 탄압 등 여러 역사적 경험은 현대 일본인들이 종교를 종교로서 받아들이기 힘들게 만들었습니다. 앞서 이야기했듯이 종교가 민속이나 풍습에는 많은 영향을 주었으나, 신앙으로 자리 잡지는 못하게 되었지요. 또한 종교를 믿더라도 그러한 사실을 선뜻 밝히기 힘든 사회 분위기가 조성되었습니다. 지금도 일본 신문이나 방송에서 종교와 관련된 뉴스가 나오는 경우는 드뭅니다.

그런 일본 사회에 1995년 일어난 옴 진리교* 사건은 큰 파문을 일으켰습니다. 신흥 종교로 세력을 넓혀 가던 옴 진리교의 신자들이 도쿄의 지하철 노선 다섯 곳에 화학 무기로 사용되는 신경가스를 살포한 것입니다. 이 범죄 행위로 13명이 사망하고 수천 명이 부상을 입었습니다. 옴 진리교 사건은 일본뿐 아니라 전 세계에 충격을 주었고, 종교와 거리를 두어 왔던 대다수 일본인들에게 종교란 무엇인가를 다시금 생각하게 하는 계기가 되었습니다.

● 1984년 아사하라 쇼코가 설립한 종교 단체. 기발한 포교 방식으로 한때 화제를 되었으나 이후 각종 범죄와 연루되었다.

음식

우리에게도 친숙한 먹거리들

일본 요리와
생선

우리는 일본의 음식을 일본 요리, 또는 일식_{日食}이라
고 부릅니다. 일본인들은 자신들의 요리를 어떻게 부를까요? 일
본 요리라는 말도 쓰지만, 대체로 일본을 나타내는 '화_和'라는 한
자를 붙여서 '화식_{和食}', 일본어 발음으로 '와쇼쿠_{わしょく}'라고 합
니다.

일본에는 불교가 전래되면서 육식을 꺼리는 사상이 퍼졌습니
다. 7세기 후반에는 아예 천황이 육식 금지령을 내렸지요. 이후

육식 금지령은 메이지 유신까지 국가의 기본 방침으로서 대대로 지켜집니다. 육식의 범위에는 소, 돼지, 말, 닭 등과 함께 유제품도 포함되었습니다. 생선은 육식 금지령에 포함되지 않았기 때문에 사시미와 스시 같은 생선 요리가 발전할 수 있었지요. 이런 배경으로 인해 한국과 일본은 기운이 쇠하는 여름날 먹는 음식도 다릅니다. 우리는 삼계탕을 먹곤 하지만,

본래 서민을 위한 음식으로 개발된 스시는 오늘날 일본을 대표하는 요리가 되었다.

일본 사람들은 대체로 장어 요리를 먹지요.

오늘날 일본의 생선 요리를 대표하는 것은 스시입니다. 스시는 우리가 초밥이라고 번역하듯이 식초를 섞은 밥 위에 신선한 생선을 얹어 간장에 찍어 먹는 음식입니다. 생선의 질도 중요하지만, 밥을 뭉치는 정도가 맛을 좌우합니다. 밥알들을 너무 꽉 뭉치면 식감이 안 좋고, 그렇다고 너무 살짝 뭉치면 생선이 밥에서 떨어져 버리니까요. 스시는 만들 때 손을 쓰지만 먹을 때도 젓가락이 아닌 손으로 집어 먹는 일본 사람이 많습니다.

신선한 생선 요리라고 했지만, 스시는 원래 신선함과 거리가

먼 음식이었습니다. 내륙에서 생선을 숙성시켜 오래 보존하기 위해 개발된 요리였기 때문이죠. 그 요리법이 바다와 가까워 신선한 생선이 풍부한 에도로 전해지면서 지금과 같은 스시로 바뀐 것입니다. 그래서 이를 에도식 스시라 하여, '에도마에즈시^{江戸前壽司}'라고 부릅니다.

에도의 3대 요리는 스시, 소바, 덴푸라였습니다. 소바는 메밀국수이고, 덴푸라는 튀김 요리이지요. 이들의 공통점은 포장마차에서 간단하게 먹을 수 있었다는 것입니다. 지금으로 치면 패스트푸드겠지요. 그런데 각박한 현대도 아니고 왜 에도 시대에 이런 간단한 요리가 발달했을까요? 당시 에도는 전국에서 무사들이 모여드는 곳이었고, 이들을 위한 상인과 수공업자도 늘어나서 인구가 100만이 넘는 대도시였습니다. 그래서 사람들이 삼시 세끼를 전부 밖에서 사 먹을 수 있을 정도로 외식이 발달했습니다.

고기 요리와 빵

메이지 유신 이후 일본 정부는 서구화를 도모하면서 고기를 먹는 식생활을 장려합니다. 소와 돼지를 살생하는 육식이 사회에 혼란을 일으킨다고 데모하는 사람들도 있었지만, 금기라는 인식이 점점 옅어지면서 전국에 육식 문화가 퍼져 나갔지요. 이때의 고기 요리는 국물을 약간 담은 그릇에 얇게 썬 소고기

돈가스에 밥과 국을 함께 먹는 건 일본에서 가장 일반적인 방식이다.

를 굽거나 끓여서 먹는 것으로, '규나베^{牛鍋}' 또는 '스키야키^{すき焼き}'라고 불렸습니다.

돼지고기도 소고기와 더불어 먹기 시작했지만, 소고기만큼 인기는 없었습니다. 1929년 도쿄에서 탄생한 돈가스가 돼지고기를 소고기 못지않은 위치로 올려놓았지요. 돈가스라는 이름은 돼지를 뜻하는 돈^{豚, とん}에 커틀릿^{cutlet}의 일본식 발음인 가쓰레쓰^{カツレツ}를 조합한 것입니다. 포크커틀릿은 돼지고기를 얇고 넓게 썰어 튀기지만, 돈가스는 에도 시대부터 내려온 덴푸라 기술을 응용하여 두꺼운 돼지고기를 튀겨 냈지요. 먹기 좋은 크기로 미리 잘라서 내놓아 젓가락으로 집을 수 있게 하고 밥과 국을 곁들이는 등, 양식을 일본에 맞춰 변형한 요리입니다.

생활
문화

서양에서 들어왔으나 일본화한 음식은 그밖에도 많습니다. 대표적인 것이 빵입니다. 빵은 16세기 말 포르투갈 선교사가 일본에 전했습니다. 일본에서 빵을 가리키는 말인 '판パン'도 포르투갈어 '팡pão'에서 유래했지요. 빵은 메이지 유신 이후 간식으로 여겨지면서 널리 보급되기 시작했습니다. 이러한 보급에 가장 큰 역할을 한 것은 일본에서 '안판餡パン'이라 부르는 단팥빵이었지요. 단팥빵은 1874년 기무라 야스베라는 사람이 발명했는데, 그가 세운 기무라야라는 빵집이 아직도 도쿄 긴자에서 영업 중입니다. 기무라야는 1900년에 잼빵을 발명했고, 1904년에는 나카무라야라는 가게에서 크림빵을 만들어 냅니다. 한편 청일 전쟁과 러일 전쟁을 거치면서 군인들의 식량으로 건빵이 개발되었고, 영국에서 식빵이 들어왔지요. 다양한 경로를 통한 수입과 자체 개발 덕에 빵은 일본인들의 식생활에 뿌리내리게 됩니다.

면의 나라

　　　　우동, 짬뽕, 라면처럼 일본에서 만들어지기 시작한 면 요리들도 많습니다. 우동은 소바처럼 예부터 일본인이 즐겨 먹던 음식입니다. 언제부터 우동을 먹었는지에 대해서는 여러 가지 설이 있지만, 에도 시대에는 이미 전국에 보급되었던 것으로 보입니다. 짬뽕과 라면은 메이지 유신 전후에 일본의 중국 요릿집에서 만들기 시작했습니다. 얼마 전까지만 해도 우리나라에

는 일본 음식점이 많지 않아서, 우동과 짬뽕은 중국 요릿집에서 취급하는 음식이었지요. 라면의 경우 한국은 분식집에서도 인스턴트 라면을 조리해서 팔지만, 일본의 라면집에서는 튀기지 않은 생면으로 요리합니다. 따라서 가게마다 면과 국물, 재료가 다르고 그때그때 유행도 바뀌지요. 최근에는 국물이 없고 소스에 면을 찍어 먹는 쓰케멘つ너麺이 유행하고 있습니다.

인스턴트 라면은 1958년 오사카에 살던 안도 모모후쿠라는 발명가가 자기 집 창고에서 만들어 냈습니다. 안도 모모후쿠는 닛신 식품이라는 회사를 세우고 치킨 라면을 판매합니다. 1962년에는 묘조 식품이 수프와 면을 따로 넣은 라면을 개발해 냈지요. 한국 최초의 인스턴트 라면은 묘조 식품과 기술 제휴하여 1963년 발매한 삼양라면입니다. 간편하게 먹을 수 있는 컵라면은 안도 모모후쿠가 1971년 발명해 냈습니다. '미스터 누들'이라 불린 안도 모모후쿠는 96세에 사망할 때까지 점심 식사로 언제나 라면을 먹었다고 합니다.

흔히 면 요리의 긴 면발은 장수를 상징한다고 하지요. 일본인뿐 아니라 우리도, 그리고 중국인도 그렇게 생각합니다. 우리나라에서 결혼식 때 국수를 먹는 이유도 부부가 오래오래 함께하라는 것입니다. 일본 사람들은 한 해의 마지막 날에 '도시코시소바年越し蕎麦'라 불리는 소바를 먹습니다. 길디긴 메밀국수를 먹으면서 장수를 기원하는 것이지요. 그럼 새해 첫날에는 무엇을 먹느냐고요? '오조니お雑煮'라 불리는 떡국을 먹습니다. 우리의 떡국과는 달리 오조니에는 당근, 연근, 무, 토란 등과 함께 큰 떡이 하나만 들어갑니다. 이 떡은 말랑말랑하고 끈기가 있어 길게 늘어납니다. 떡을 길게 늘려서 먹는 것 또한 장수를 의미하지요.

말과 문자

시작은 쉽되 숙달은 어렵다

한국어와 일본어의
유사성

영어 조기 교육이 당연한 요즘과는 달리, 저는 중학교에 들어가서야 알파벳을 배웠습니다. 당시에는 인터넷도 없고 해외여행도 자유롭지 않았기 때문에 영어는 외국인과 대화하기 위하여 말하는 언어라기보다 눈으로 판독해 내는 문자의 나열에 불과했지요. 제가 또 다른 외국어인 일본어를 배운 것은 대학원에 들어간 뒤입니다. 여름 방학을 이용하여 세계 각국의 학생들과 같이 일본어를 배우는 캠프에 참가했지요. 어느 날 일본인 선

생님은 저에게 단어 하나를 발음해 보라고 시켰습니다. 그 단어는 '프라이팬frypan', 일본어 발음은 '후라이판フライパン'입니다. 제가 발음하자 일본인 선생님이 매우 잘했다고 칭찬해 주었습니다. 영어의 'f'나 'r' 발음을 '일부러' 하지 않고, 일본어에 가장 가깝게 발음했다는 것이죠. 영어권 출신 학생들은 저를 부러운 눈초리로 쳐다보았습니다. 그때껏 'f'나 'r' 발음에 서툰 것이 단점인 줄만 알았는데, 일본어를 말할 때는 오히려 장점이 되었지요. 이날의 경험은 외국어를 습득하기 위해 넘어야 하는 장벽이 언어에 따라 상대적으로 높을 수도 있고 낮을 수도 있다는 점을 알려 주었습니다.

한국인이 영어를 말할 때는 단어 자체를 떠올려야 하지만, 일본어를 말할 때는 평소 쓰는 단어의 발음을 살짝 바꾸기만 하면 되는 경우가 많습니다. 주로 한자로 된 명사가 그렇지요. 발음을 바꾸는 공식이 있을 정도입니다. 예를 들면 한국어의 'ㅇ' 받침은 일본어에서 장음으로 바뀝니다. '경제'는 '게이자이', '동양'은 '도오요오'이지요. 물론 우리말에는 장음을 표기하지 않는 원칙이 있기 때문에, 실제 발음과 달리 '도오요오'는 '도요'라고 써야합니다. 그 외에도 'ㄹ' 받침은 '쓰ʔ'로 바뀌고, 'ㄱ' 받침은 '쿠ㄍ'로 독립합니다. '철학'은 '데쓰가쿠', '확률'은 '가쿠리쓰', '식물'은 '쇼쿠부쓰'이지요. 이런 공식에도 예외가 있긴 하지만, 그런 것만 따로 외우면 됩니다.

중국어에도 한국어와 발음이 유사한 단어가 많지만, 혀를 둥글게 말아서 내는 권설음처럼 아예 우리말에 없는 발음이 많습니다. 그러나 일본어 발음 중에는 '쓰'를 제외하면 한국인이 발음하기 힘든 소리는 거의 없습니다. 게다가 일본어는 한국어와 어순이 같고, 조사가 없는 중국어와 달리 조사가 발달해서 한국어와 더욱 유사하지요. 주격에 붙는 '와^は'와 '가^が'는 우리말의 '은/는', '이/가'와 거의 쓰임이 같고, 한국어의 물음을 나타내는 어미 '까'는 '카^か', 종결 어미 '다'는 '다^た'로 쓰임뿐 아니라 발음까지 비슷합니다.

일본의
문자

일본의 문자는 '가나^{假名}'라고 합니다. 한글과 똑같이 말소리를 기호로 나타낸 표음 문자이지만, 하나의 발음에 히라가나와 가타카나라는 두 가지 표기법이 존재한다는 점이 다르지요. 일본어 문장에는 한자와 히라가나와 가타카나가 섞여서 쓰입니다. 한자는 명사와 동사와 형용사의 어간에 쓰이고, 히라가나는 어미와 조사에 쓰이지요. 외래어나 의성어, 의태어, 그리고 특정 부분을 강조하고 싶을 때는 가타카나로 적습니다. 한국어와 달리 일본어에는 띄어쓰기가 없기 때문에 일본 사람들도 한자가 없으면 문장을 제대로 읽어 내기 힘듭니다. 우리글에서 한자는

생활
문화

195

괄호 안으로 숨어 버렸기 때문에 한자와 가나를 혼용하는 일본의 방식이 낯설겠지만, 사실 우리도 1990년대 후반까지는 명사에 한글 대신 한자를 썼습니다.

'가나'란 무슨 뜻일까요? 한자가 진짜 문자眞名이고, 발음만을 나타내는 가나는 가짜 문자假名라는 뜻입니다. 그렇다면 한글을 만든 세종 대왕처럼 가나를 만든 사람이 있을까요? 8, 9세기 무렵에 구카이空海라는 승려가 히라가나를 만들었다고 하고, 기비 마키비吉備真備라는 학자가 가타카나를 만들었다고 하지만, 그저 전설에 불과합니다. 구카이와 기비 마키비는 당나라에 유학을 다녀왔다는 공통점이 있습니다. 아마도 흔치 않은 경험을 한 인물들이기에 문자를 만들었다는 업적이 덧붙여진 모양입니다.

가나는 일본어와 발음이 비슷한 한자를 단순하게 만든 것입니다. 히라가나는 한자를 흘려 쓴 서체인 초서체에서 유래했고, 가타카나는 한자의 일부분을 생략한 형태이지요. 예를 들면 히라가나 'ひ히'와 가타카나 'ヒ히'는 '比'에서, 히라가나 'ふ후'와 가타카나 'フ후'는 '不'에서, 히라가나 'に니'와 가타카나 'ニ니'는 '仁'에서, 히라가나 'も모'와 가타카나 'モ모'는 '毛'에서 비롯되었습니다.

일본어의
다른 점

일본어를 배우면서 어려운 것 중 하나는 한자 읽기

입니다. "아까 한자를 발음하는 데 공식이 있어서 한국인이 배우기 쉽다고 그랬잖아요?"하고 묻겠지요. 맞습니다. 그런데 그건 음독音讀을 할 때만 그렇습니다. 일본어에서는 한자를 음이 아니라 뜻으로 읽기도 합니다. 예를 들어 '恋_{사모할 련}'을 발음할 때 한자음을 읽는다면 '렌_{れん}'이지만, 문장 속에서 '사랑'이라는 의미로 쓰였다면 '고이_{こい}'라고 발음해야 하죠. 한자의 뜻으로 읽는 것을 '훈독訓讀'이라 합니다.

어떤 때에 음독이고 훈독일지는 문장에서의 쓰임이나 관용적인 예를 살펴봐야 합니다. 때로는 한 단어에서 음독과 훈독이 섞이기도 하지요. '상반기上半期'는 일본어로 '가미한키_{かみはんき}'라고 읽습니다. '반기半期'는 '한키_{はんき}'로 한자음을 발음하지만, '상上'은 한자음인 '조_{じょう}'가 아니라 '위'라는 뜻을 가리키는 '가미_{かみ}'라고 발음하지요. 우리말로 하면 상반기를 '위반기'라고 말하는 것입니다. '하반기下半期' 역시 한자음만 따라서 '가한키_{かはんき}'라고 읽지 않고, 훈독과 음독을 조합해 '시모한키_{しもはんき}'라고 발음합니다. 역시 우리말로 바꾸면 '아래반기'인 셈이죠.

일본은 외래어를 받아들이는 방식도 우리와 다릅니다. 우리는 외래어를 거의 명사 형태로 쓰지만, 일본에서는 외래어를 명사는 물론이고 동사로 활용하기도 합니다. 인터넷 검색 엔진인 '구글'을 예로 들겠습니다. 일본에서는 '구구루_{グーグル}'로 발음하는데, 여기서 '구구루_{ググる}'라는 동사가 생겨났습니다. 동사 '구구루'의 뜻은 '구글로 찾다'입니다. '구구레바ググれば'라고 하면 '구글로 찾아봐'라는 뜻이지요. 이외에도 'miss'에 '루る'를 붙여 '미스루ミスる, 실수하다'라는 동사가 나왔고, 'memo'에서 '메모루メモる, 메모하다', 'harmony'에서 '하모루ハモる, 조화를 이루다'라는 동사가 생겨났습니다. 이러한 단어 중에서 제가 유학 시절에 가장 많이 썼던 것은 '사보루サボる'입니다. 흔히 우리나라에서는 수업을 빼먹었을 때 '땡땡이쳤다'라고 하는데, '사보루'가 바로 '땡땡이치다'에 해당하는 동사입니다. '사보루'의 유래는 '태업'을 가리키는 프랑스어 '사보타주sabotage'이지요.

한국어와 일본어는 어순이 같지만, 책을 읽어 나가는 방향은 다릅니다. 일본의 책은 대부분 세로쓰기로 글을 오른쪽에서 왼쪽으로 읽어야 합니다. 가로쓰기를 하고 왼쪽에서 오른쪽으로 읽는 우리와 정반대이지요. 따라서 일본 책은 책장을 오른쪽으로 넘기면서 봐야 하지만, 우리나라 책은 왼쪽으로 넘겨야 합니다. 세로쓰기와 가로쓰기 때문에 '문제'가 일어나기도 하는데, 바로 일본 만화책을 볼 때입니다. 일본 만화책은 그림을 오른쪽에서 왼쪽 순서로 봐야 하지만, 한국 만화책의 그림 순서는 그와 정반대입니다. 만화책을 읽을 때 이 점을 헷갈리지 말기 바랍니다.

영화

아시아 영화의 선구자

일본 영화 산업의
규모와 역사

　　　　일본에서는 1년에 500편 정도 영화가 제작되고 있
습니다. 세계에서 영화를 가장 많이 만드는 나라 중 하나이지요.
일본의 영화 시장 규모는 경제와 마찬가지로 미국에 이어 세계
2위를 지켜 왔지만, 2012년 중국에 추월당해 세계 3위가 되었습
니다. 일본 영화 산업의 특징은 영화관에서 벌어들이는 수익인
1차 시장보다 2차 시장의 규모가 훨씬 크다는 점입니다. 2차 시
장이란 우리나라로 치면 케이블 방송이나 인터넷 다운로드 서비

스 등을 말합니다. 그런데 일본은 2차 시장에서 케이블 방송이나 인터넷 다운로드의 비중이 매우 작습니다. DVD와 블루레이 대여 및 판매가 2차 시장의 대부분을 차지하지요. 이 시장만 보면 세계 최고입니다. 음반 산업도 마찬가지라 음원 다운로드보다 CD의 대여 및 판매 시장이 훨씬 크고, 이 역시 세계에서 가장 큰 수준입니다. 우리나라를 포함한 대부분의 나라에서 CD, DVD, 블루레이 시장은 이제 판매량을 조사하지 않을 정도로 줄어들었습니다. 이런 매체를 빌려주거나 파는 매장도 거의 다 사라졌지요. 그런데 일본은 아직도 동네마다 대여점과 판매점이 있습니다. 이러한 상황에 대해서 어떤 연구자는 일본인이 물건에 강하게 집착하기 때문이라고 설명하기도 하지요.

프랑스의 뤼미에르^Lumière 형제가 1895년 발명한 영화는, 2년 뒤인 1897년 일본에 수입됩니다. 처음부터 영화라는 용어가 쓰이지는 않았고, 움직이는 사진이라는 뜻으로 '활동사진'이라 불렸지요. 우리도 쓰고 있는 '영화'라는 단어는 일본에서 1910년대 후반에 일어난 '순영화극 운동'에서 비롯한 것입니다. 이 운동은 영화가 영화만의 표현 기술, 즉 카메라 이동, 렌즈 조작, 편집을 더욱 많이 활용해야 한다고 강조했습니다. 지금 생각하면 당연한 말이지만 당시에는 새로운 발상으로 받아들여졌고, 이후 단순히 움직이는 사진이 아니라는 의미에서 영화라고 불리기 시작했지요.

1912년에는 닛카쓰라는 영화사가 설립됩니다. 창립 후 100년이 넘은 오늘날까지도 닛카쓰는 활발하게 영화를 만들고 있지요. 미국에서 가장 오래된 영화사인 유니버설 스튜디오도 닛카쓰와 같은 해인 1912년에 설립되었습니다. 그러니 일본 영화가 할리우드에서 일방적으로 영향을 받았다기보다는 동시에 서로 영향을 주고받으며 발전했다고 봐야 합니다.

도호 영화사가 1954년 제작한 「고지라」의 포스터. 지금까지도 시리즈가 이어지고 있다.

일본의 3대 영화사라 하면 닛카쓰와 더불어 쇼치쿠, 도호가 있습니다. 본래 가부키 흥행이 전문이었던 쇼치쿠는 1920년에 영화 사업을 시작하여 역시 100년 가까운 역사를 자랑합니다. 또 다른 영화사 도호는 1937년에 세워졌지요. 앞서 말했듯 도호는 한큐 철도 회사가 모기업입니다. 한편 1937년은 일본이 중국과 전면전을 벌이기 시작한 해입니다. 그래서 초창기 도호는 새로운 장르인 전쟁영화를 전문으로 제작했습니다. 도호는 전쟁 영화에 필요한 특수 촬영 기술 개발에 많은 힘을 기울였습니다. 이때 개

발된 기술은 1950년대에 도호가 만든 '고지라'와 '울트라맨' 시
리즈에 쓰이게 됩니다.[•]

시대극과
구로사와 아키라

일본 영화 초창기에 가장 많이 만들어진 장르는 시
대극이었습니다. 우리의 사극과 비슷한 시대극은 현대가 아닌 전
통 시대를 배경으로 한 영화를 가리킵니다. 구체적으로 따지면
메이지 유신 이전 시대를 다룬 작품들이 해당하지요. 시대극 영
화를 다른 말로 '찬바라ちゃんばら 영화'라고 하기도 합니다. 찬바라
란 칼과 칼이 부딪치면서 나는 소리 '찬찬'과 칼날이 부르르 떠
는 모양을 뜻하는 '바라바라'를 합친 단어입니다. 시대극을 찬바
라 영화라고 부르는 이유는 대부분의 작품에 칼싸움이 중요한 장
면으로 들어갔기 때문입니다. 주군이나 가족의 원수를 갚는 이야
기, 서민들을 돕는 의적 이야기, 낭인 사무라이가 백성을 괴롭히
는 상급 사무라이를 해치우는 이야기 등 시대극은 다양한 이야기
를 그렸습니다.

제2차 세계 대전이 끝난 뒤 연합국 총사령부는 일본 영화를 검
열하여 군국주의를 고취하는 영화와 복수를 소재로 하는 시대극
상영을 금지합니다. 그래서 분명히 한바탕 칼싸움이 벌어져야 할
장면인데 칼을 뽑지 않는 시대극이 만들어지기도 했지요. 시대극

• 두 시리즈 모두 거대한 괴물을 묘사하기 위해 미니어처와 특수 의상 등의 기
술을 적극적으로 활용했다.

에 주로 출연하던 영화배우들은 대부분 칼 대신 총을 들고 갱 영화를 찍었습니다. 한편 연합국 총사령부가 일본의 민주주의화에 도움이 된다며 키스 장면을 장려해서, 이 시기에 일본 영화 중 최초로 키스 장면이 들어간 작품이 만들어졌습니다.

1951년 구로사와 아키라黑澤明 감독의 「라쇼몬」이 베니스 국제 영화제에서 그랑프리를 수상한 것을 계기로 일본 영화는 전 세계에 그 이름을 알립니다. 「라쇼몬」은 억수같이 비가 쏟아지는 장면으로 시작합니다. 비를 피하던 와중에 나무꾼이 다른 사람들에게 자신이 겪은 이상한 사건을 들려줍니다. 그는 나무를 하러 갔던 산속에서 사무라이의 시체를 발견합니다. 그런데 사무라이가 어떻게 죽었는지에 대해 도적과 사무라이의 부인 등 관련 인물들이 모두 다르게 이야기합니다. 심지어 무당의 몸을 빌려 저승에서 돌아온 사무라이가 직접 증언하지만 관객은 그 무엇도 믿을 수 없게 되지요. 보통 영화에서 회상 장면은 사건의 진실을 보여주는 역할을 합니다. 하지만 구로사와 아키라는 「라쇼몬」에서 그러한 기존 영화의 문법을 깨뜨렸습니다.

「라쇼몬」을 포함하여 구로사와 아키라가 만든 작품들은 시대극의 황금시대를 장식했습니다. 상영 시간이 3시간 30분에 달하는 「7인의 사무라이」는 산적의 위협에 시달리던 농민들이 낭인 사무라이 7명을 고용해서 마을을 지키는 내용입니다. 농민이 사무라이를 고용한다는 역발상이 신선하고, 폭우 속에서 벌어지는

구로사와 아키라 감독의 대표작 중 하나인 「요진보」의 포스터.

산적과 일곱 사무라이들의 전투 장면은 지금 보아도 손에 땀을 쥐게 하지요. 구로사와 아키라의 또 다른 시대극 「요진보」 역시 낭인 사무라이가 주인공입니다. 악당들이 지배하는 한 마을에 찾아온 낭인 사무라이가 문제를 해결하는 내용을 그렸지요.

구로사와 아키라의 시대극은 할리우드에서 총잡이들이 활약하는 서부극으로 다시 만들어졌습니다. 「요진보」는 클린트 이스트우드 주연의 「황야의 무법자」로, 「7인의 사무라이」는 「황야의 7인」으로, 「라쇼몬」은 「아웃레이지」 등으로 리메이크되었지요. 구로사와 아키라가 서부극에만 영향을 준 것은 아닙니다. 그가 전국 시대를 배경으로 만든 「숨은 요새의 세 악인」은 SF영화를 대표하는 「스타워즈」에 영향을 끼쳤습니다. 공주를 구하는 줄거리부터 촬영이나 편집 방법까지, 「스타워즈」는 「숨은 요새의 세 악인」을 토대로 했지요. 또한 「스타워즈」에는 칼을 들고 싸우는 집단인 '제다이'가 등장하는데, '제다이'라는 말은 시대극의 일본어 발음인 '지다이게키' 중 '지다이'를 살짝 바꾼 것입니다. 제다이들의 스승인 요다의 이름도 당시 유명한 각본가였던 요다 요시카타에서 따왔다고 하지요. 이러한 영향력 덕에 구로사와 아키라는 미국에서 영화를 만든 적이 없음에도 불구하고, 말년에 아카데미 시상식에서 평생공로상을 받았습니다.

떠돌이 영화와
야쿠자 영화

구로사와 아키라의 시대극에서는 낭인 사무라이들이 주인공인 경우가 많습니다. 오래전부터 일본에서는 낭인 사무라이처럼 떠돌이를 주인공으로 하는 이야기가 인기를 얻어 왔습니다. 앞서 언급했던 유명한 가부키 「주신구라」도 주군을 잃은 낭인 사무라이들이 주인공이지요. 영화의 시대가 되어서도 「주신구라」의 인기는 여전해서, 가부키 중에서 가장 많이 영화로 만들어졌습니다. 할리우드에서도 「47 로닌」이라는 제목으로 영화화되었을 정도입니다.

사무라이가 아닌 맹인 안마사가 각지를 방랑하며 사건을 해결하는 '자토이치' 시리즈도 인기 높은 떠돌이 이야기입니다. 맹인이지만 검술이 뛰어난 안마사 이치는 특히 어둠 속에서의 칼싸움에 강합니다. 어두우면 맹인이든 아니든 앞이 안 보이기는 마찬가지이기 때문이죠. '자토이치' 시리즈는 1960년대부터 26편이나 만들어졌습니다.

찬바라 영화는 아니지만 야쿠자 영화도 떠돌이가 주인공인 것은 마찬가지입니다. 야쿠자 영화는 시대극과 더불어 일본 영화를 대표하는 장르입니다. 야쿠자란 일본의 폭력배를 말합니다. 초창기 야쿠자 영화들은 일종의 공식이 있다고 할 정도로 줄거리가 비슷비슷했습니다. 야쿠자 출신으로 사연이 있어 고향을 떠나 떠도는 주인공이 우연히 어느 마을에 들르는데, 그곳에서 사람들을 괴롭히는 야쿠자 조직을 알게 됩니다. 주인공은 불의를 참지 못하고 악랄한 야쿠자 조직을 섬멸합니다. 야쿠자 영화의 주인공은 적과 대결하기 전에 반드시 자신의 고향이 어디고 어느 파 소속인지 밝히는 의식을 치를 정도로 정의감이 넘치고 예의도 바릅니다.

하지만 이처럼 비현실적인 야쿠자를 다룬 영화의 인기는 오래가지 못하고, 조직폭력배의 비정한 현실을 그리는 쪽으로 경향이 바뀝니다. 대표적인 작품으로 「의리 없는 전쟁」이 있지요. 이 영화에서는 이전 시대의 예의 바르고 정의로운 야쿠자를 찾아볼 수 없습니다. 야쿠자 조직끼리의 싸움, 그리고 동료의 배신 등이 그려지는데, 제목 그대로 '의리'라고는 전혀 없지요. 현재 일본을 대표하는 감독 중 한 명인 기타노 다케시北野武도 현실적인 야쿠자 영화를 잘 만들기로 유명합니다. 그는 「3-4×10월」과 「소나티

네」 등에서 냉혹한 야쿠자 세계를 그리면서도, 감독이자 코미디 언인 자신의 장점을 살려서 장난기가 묻어나는 독특한 영상 세계를 창조해 냈습니다.

애니메이션

아니메 왕국의 저력

    2014년 한 해 동안 일본의 텔레비전에서 방영된 애니메이션은 322편이었고, 극장에서도 애니메이션이 74편이나 개봉되었습니다. 텔레비전 방영 및 극장 상영을 비롯하여, DVD와 블루레이 출시, 그리고 해외 수출과 캐릭터 사업을 통한 저작권 수입 등 일본이 애니메이션으로 벌어들인 금액이 2014년에만 무려 1조 6,300억 엔이라고 합니다. 애니메이션 시장 규모에 관해서라면 일본과 비교할 수 있는 나라가 없을 정도이지요. 도대체 일본에서는 언제부터 애니메이션이 발달했을까요?

영화는 일본이 미국과 엇비슷하게 시작했지만 애니메이션은 후발 주자였습니다. 1920년대부터 미국의 월트 디즈니가 미키 마우스를 내세워 애니메이션을 전 세계에 알립니다. 당시 일본에서는 몇 분 안 되는 단편 애니메이션만이 만들어졌지요. 일본에서 애니메이션이 발달할 계기를 가져다준 것은 전쟁입니다. 일본 최초의 장편 애니메이션 「모모타로 바다 독수리」가 1943년 국가의 명령으로 제작된 것입니다. 주인공 모모타로는 일본 전래 동화의 등장인물로 복숭아에서 태어나 왜소했지만, 사람들을 괴롭히는 뿔 달리고 덩치 큰 무서운 도깨비들을 물리칩니다. 제2차 세계 대전 때 일본인은 자신들을 모모타로라고 여기고, 몸집이 큰 미군과 영국군을 도깨비에 비유했습니다. 이 애니메이션에서 모모타로는 비행기를 타고 하와이의 진주만을 기습하여 뿔 달린 미군들을 공격하지요. 「모모타로 바다 독수리」는 동시대 디즈니 애니메이션과 비교하면 제작 기술이 많이 뒤떨어집니다. 하지만 이듬해에 만들어진 「모모타로 바다의 신군」을 보면, 기술이 훨씬 향상되어서 캐릭터들도 한층 자연스럽게 움직입니다. 이번에 모모타로는 동남아로 가서 뿔 달린 영국군과 전투를 벌이지요. 이처럼 일본은 전쟁을 선전하기 위해 국가가 큰돈을 들여 애니메이션을 만들었고, 이때 쌓인 경험과 기술이 패전 후 애니메이션 발달을 이끌어 나가는 원동력이 되었습니다.

데즈카 오사무와
텔레비전 애니메이션

　　　　　패전 후에도 일본에서는 극장용 애니메이션이 계속 만들어집니다. 하지만 텔레비전 애니메이션은 1963년 이전까지 한 편도 만들어지지 않았습니다. 이건 일본뿐 아니라 전 세계에서 그랬지요. 당시엔 컴퓨터가 없어 모든 작업을 손으로 해야 했는데, 돈과 노동력이 너무 들기 때문에 매주 한 편씩 애니메이션을 제작하기란 불가능하다고 여겨졌습니다. 이때 불가능을 가능으로 바꾼 사람이 등장합니다. 바로 만화가 데즈카 오사무手塚治虫입니다. 그는 어릴 적「모모타로 바다의 신군」을 보고 애니메이션을 만들겠다는 꿈을 키웠다고 합니다.

　1963년 1월 1일, 데즈카 오사무가 만든「우주 소년 아톰」이 텔레비전으로 방송되기 시작합니다.「우주 소년 아톰」은 매주 한 편씩, 30분 동안 방영되었습니다. 이후 중간 광고를 포함하여 한 편당 30분은 텔레비전 애니메이션의 기본 분량으로 자리 잡았지요.「우주 소년 아톰」의 시청률은 갈수록 높아졌고, 장난감 등 캐릭터 상품도 불티나게 팔려 나갔습니다. 1963년 9월에는 미국에 수출되어 역시 높은 시청률을 기록했지요. 사실 아톰은 '우주 소년'이 아닙니다. '우주 소년'이라는 말은 한국에서 방송될 때 붙인 이름이고, 원래 제목은「철완鐵腕 아톰」, 즉 '무쇠 팔 아톰'이지요. 이야기 속에서 덴마 박사는 교통사고로 죽은 아들과 똑같이

데즈카 오사무가 만들어 낸 「우주 소년 아톰」은 계속해서 애니메이션이나 게임으로 만들어지는 등 지금도 전 세계에서 인기를 얻고 있다.

생긴 로봇 아톰을 만들어 냅니다. 그러니 아톰은 우주 소년이 아니라 지구에서 만들어진 로봇인 것이죠.

　데즈카 오사무는 일본 최초로 컬러텔레비전 애니메이션 「밀림의 왕자 레오」도 만들었고, 이 역시 미국에 수출되었습니다. 이 작품은 부모 잃은 어린 사자가 정글을 지키기 위해 싸우는 내용으로, 디즈니의 「라이온 킹」에 큰 영향을 끼쳤지요.

　데즈카 오사무는 막대한 제작비 때문에 불가능해 보였던 텔레비전 애니메이션을 어떻게 매주 만들어 냈을까요? 한마디로 그림을 적게 그렸습니다. 상영 시간 1초당 그림을 12장씩 사용한 극장용 애니메이션과 달리, 1초에 8장의 그림만 쓴 거죠. 그리고 눈과 입처럼 움직이는 부분만 새로 그리고 다른 곳은 그대로 놔 둔다든지, 다른 장면에서 한 번 썼던 그림을 재활용하는 등 절약을 위해서 갖은 노력을 다했습니다. 그래도 괜찮냐고요? 극장용 애니메이션만큼 인물들의 움직임이 자연스럽지는 않지만, 보는 데 큰 지장은 없습니다. 현재 만들어지는 텔레비전 애니메이션도 데즈카 오사무가 고안해 낸 방식을 따르고 있지요.

데즈카 오사무가 성공하자 여러 회사들이 텔레비전 애니메이션을 제작하기 시작합니다. 인기를 끈 작품 중에는 로봇 애니메이션이 많았습니다. 일본의 로봇 애니메이션에는 세 가지 유형이 있다고 합니다.「우주 소년 아톰」처럼 스스로 생각하고 움직이는 로봇이 있고,「철인 28호」처럼 사람이 멀리 떨어져서 리모컨으로 조종해야 하는 로봇이 있습니다. 그리고 인간이 탑승하는, 이른 바 '합체'해서 활약하는 로봇이 있지요. 이 유형은「마징가 Z」가 시초입니다. 주인공 소년이 탑승한 거대한 로봇이 지구를 지키기 위해 싸운다는,「마징가 Z」의 기본적인 이야기 틀은 수많은 애니메이션에 영향을 주었습니다. 합체형 로봇 애니메이션은 이러한 틀을 유지하면서 다양하게 만들어졌지요. 1979년부터 지금까지 계속해서 제작되는 '기동전사 건담' 시리즈는 시대극 영화의 영향을 받아서 로봇이 칼싸움을 벌입니다. 1990년대를 대표하는 작품 중 하나인「신세기 에반게리온」에서는 소년과 로봇의 합체가 더욱 밀접해졌지요. 이 애니메이션에서는 로봇과 사람이 서로 감각도 연결되어서, 적의 공격으로 로봇이 파손되면 소년도 똑같은 신체 부위에 고통을 느낍니다.

로봇 애니메이션이 남자아이들을 대상으로 한다면, 여자아이들을 향한 애니메이션에는 마법 소녀물이 있습니다. 주로 주인공 소녀가 마법을 쓰거나 변신하여 주변 사람들을 돕는 내용이지요. 마법 소녀물은 「요술 공주 샐리」부터 시작하여 「요술 공주 밍키」, '미소녀 전사 세일러 문' 시리즈, 그리고 '프리큐어' 시리즈에 이르기까지 수십 년에 걸쳐 만들어지고 있습니다.

로봇물과 마법 소녀물은 전혀 다른 장르처럼 보이지만, 주인공들이 '변신'함으로써 문제를 해결한다는 공통점이 있습니다. 소년은 로봇과 합체해 변신하고, 소녀는 옷을 화려하게 갈아입거나 어른으로 변신하는 것이죠.

미야자키 하야오와
극장용 애니메이션

로봇물과 마법 소녀물이 인기를 끄는 와중에, 다른 한쪽에서는 세계 명작 동화를 바탕으로 한 텔레비전 애니메이션이 만들어집니다. 「알프스 소녀 하이디」, 「플랜더스의 개」, 「엄마 찾아 삼만 리」, 「빨간 머리 앤」 등이 대표적이지요. 매우 잘 알려진 동화들이지만, 친근감 있는 캐릭터와 부드러운 화면 구성을 통하여 애니메이션만의 새로운 감동이 전달되었습니다. 현재 가장 유명한 애니메이션 감독 중 한 명인 미야자키 하야오宮崎駿는 이러한 작품들의 그림 작업에 참여하며 이름을 알렸습니다.

미야자키 하야오는 텔레비전 애니메이션의 그림을 그리면서 계속 답답했다고 합니다. 자신이 표현하고 싶은 바를 제대로 그려 낼 수 없었기 때문이죠. 그 이유는 그림 수를 최소한으로 줄이는, 바로 데즈카 오사무가 고안해 낸 방식에 있었습니다. 미야자키 하야오는 바람을 가르며 하늘을 날 때 펄럭이는 옷, 통통 튀는 공 등 사물의 움직임을 최대한 자연스럽게 묘사하길 원했습니다. 그는 자신의 소망을 텔레비전 애니메이션으로는 도저히 이룰 수 없음을 깨달았지요.

미야자키 하야오는 그림 수의 제한에서 자유로운 극장용 애니메이션을 만들기로 결심합니다. 당시 극장용 애니메이션은 「도라에몽」처럼 텔레비전 애니메이션의 인기를 등에 업고 제작되는 경우가 대부분이었습니다. 이와 달리 미야자키 하야오는 텔레비전과 관계없는 애니메이션만을 고집합니다. 첫 번째 작품인 「바람 계곡의 나우시카」가 성공하자, 출판사인 도쿠마쇼텐이 그를 위해 '스튜디오 지브리'라는 애니메이션 제작사를 만들어 주었습니다. 미야자키 하야오는 스튜디오 지브리를 터전으로 삼아 「천공의 성 라퓨타」, 「이웃집 토토로」, 「마녀 배달부 키키」, 「모노노케 히메」, 「센과 치히로의 행방불명」, 「하울의 움직이는 성」, 「벼

미야자키 하야오가 직접 설계한 지브리 미술관. 아기자기한 볼거리가 많아 인기가 많다.

랑 위의 포뇨」 등 일본을 뛰어넘어 전 세계 사람들에게 감동과
재미를 주는 작품을 만들어 냈지요. 「센과 치히로의 행방불명」은
애니메이션 중 처음으로 베를린 국제 영화제에서 그랑프리를 수
상했고, 아카데미 시상식에서 장편애니메이션상을 받기도 했습
니다.

미야자키 하야오의 애니메이션들에는 공통점이 많습니다. 소

녀가 주인공이고, 주인공을 돕는 소년이 등장합니다. 둘은 어느 시대인지 어느 나라인지 확실치 않은 신비로운 세계에서 모험을 합니다. 부모가 등장하기도 하지만 거의 역할이 없습니다. 예를 들어 「센과 치히로의 행방불명」에서 주인공의 부모는 초반에 돼지로 변해 버리기도 하지요. 그리고 모든 사건이 해결될 때 소녀와 소년이 함께 푸른 하늘을 나는 장면이 종종 연출됩니다. 미야자키 하야오에겐 일종의 성공 방정식이 있었던 셈입니다.

　미야자키 하야오는 2013년 개봉한 「바람이 분다」를 마지막으로 은퇴했습니다. 그런데 이 작품에서는 성공 방정식을 쓰지 않았습니다. 여기서는 소녀 소년의 모험이 그려지지 않고, 그 대신 가미카제 특공대가 탔던 전투기를 설계한 사람이 주인공으로 등장합니다. 게다가 전쟁에 대한 반성보다는 일본인이 지닌 잘못된 역사관을 여과 없이 드러내 버렸지요. 한국을 비롯한 전 세계의 많은 관객들은 「바람이 분다」에 실망하지 않을 수 없었습니다.

오타쿠
재평가되는 그들의 힘

오타쿠란?

대부분의 대학생들이 동아리는 전공과 거리가 먼, 자신의 취미에 따라 선택합니다. 일본의 대학 동아리도 한국과 마찬가지로 음악, 미술, 스포츠 등 다양한 분야에 퍼져 있지요. 한국에 없지만 일본에는 어느 대학에든 꼭 있는 동아리로 '철도 연구회'가 있습니다. 예를 들어 와세다대학의 철도 연구회는 1952년에 설립된 유서 깊은 동아리이지요. 철도 연구회가 무엇을 하는 곳일까요? 간단히 말해 철도와 기차에 대한 정보를 수집합니다. 기차 차량에는 어떤 종류가 있는지, 승차권은 어떻게 다른지, 기

차 운행 시간은 어떤지 등을 알아보고, 기차가 지나가는 풍경을 찍으러 다니기도 하지요. 제가 아는 한 일본인은, 대학 시절 내내 방학을 몽땅 투자해 일본의 모든 기차 노선을 타 봤다고 합니다. 게다가 회사에 취직한 뒤에는 한국에서 기차를 타기 위해 휴가를 썼지요. 취미치고는 과한 것 아니냐고요? 그렇긴 하지요. 이렇게 취미에 지나칠 정도로 몰두하는 사람들을 일본에서 '오타쿠ォタク'라고 부릅니다.

오타쿠는 원래 좀 어른스럽게 상대방을 가리키는 말로, 우리말의 '당신'이나 '댁'과 비슷합니다. 지금도 이 뜻으로 일상생활에서 많이 쓰이지요. 그런데 1980년대에 나카모리 아키오라는 대중문화 평론가가 애니메이션을 좋아하는 10대들이 어울리지 않게 서로 오타쿠로 부르는 것을 보고는, 아예 그들을 오타쿠라고 이름 붙입니다. 이후 오타쿠의 새로운 쓰임이 일본 전역에서 유행했고 한국에까지 들어왔습니다.

한국에서는 오타쿠의 발음을 살리되 한국식 이름과 비슷하게 바꾼 '오덕후'라는 말이 만들어졌지요. 일본에서는 애니메이션 오타쿠를 아니오타로, 철도 오타쿠를 데쓰오타로 줄여 부릅니다. 한국도 마찬가지로 오덕후라는 말이 애니덕후, 게임덕후 등으로 사용되고 있습니다.

영어 '마니아'가 오타쿠와 비슷하지 않느냐고요? 그렇지요. 오타쿠는 넓은 의미에서 마니아와 비슷하게 쓰입니다. 보다 좁게

정의해 보면, 오타쿠는 서브컬처subculture에 한정할 수 있습니다. 서브컬처란 주류 문화나 고급문화에 반대되는 문화를 가리킵니다. 서브컬처의 대표로는 만화가 있지요. "만화도 고급일 수 있고, 산업 규모로 보면 주류에 해당하지 않나요?" 하고 반문하는 사람이 있을 겁니다. 이런 주장도 틀리지 않습니다. 서브컬처의 분류에는 만화를 탐탁지 않게 보는 편견이 숨어 있기는 합니다. 하지만 일단 이 책에서는 일반적인 분류를 따르겠습니다. 보통 오타쿠와 관련된 서브컬처에는 만화·애니메이션·컴퓨터 게임·피규어·SF영화·철도 등이 꼽힙니다.

아키하바라와
캐릭터에 대한 집착

오타쿠의 특징은 도쿄의 아키하바라秋葉原가 중심지라는 점입니다. 본래 아키하바라는 세계적으로 유명한 전자 상가였지만, 최근에는 오타쿠의 성지가 되었습니다. 예전에만 해도 뒷골목에 밀려나 있던 오타쿠를 위한 상점들이 일본 전자 제품의 위상이 떨어진 지금은 아키하바라 대로변으로 진출해 큰 건물을 차지하고 있지요.

현재 일본을 대표하는 아이돌 그룹 중 하나인 '에이케이비 포티에이트AKB48'는 아키하바라에 모이는 오타쿠를 대상으로 기획되었습니다. 아키하바라에 전용 극장을 두고 텔레비전을 통해서

오타쿠들의 성지로 자리매김한 아키하바라 거리의 풍경.

가 아니라 직접 만나 볼 수 있는 아이돌 그룹이라는 콘셉트로 데뷔했지요. 그룹 이름인 AKB 역시 아키하바라를 줄인 말 '아키바アキバ'에서 따온 것입니다.

오타쿠의 또 다른 특징은 캐릭터에 대한 애정이 남다르다는 점입니다. 오타쿠는 만화나 애니메이션 작품 자체보다 등장인물에 더욱 관심을 갖습니다. 그리고 캐릭터에 대한 자신의 호의를 '모에萌え'라는 말로 표현하지요. 모에는 '싹이 나다'라는 뜻인 '모에루萌える'에서 유래했습니다. 캐릭터로 인하여 일어난 자기 마음의 변화를 싹이 튼다는 말로 비유한 것입니다.

캐릭터를 향한 애정을 직접 몸으로 표현하는 방식에는 '코스프레コスプレ'가 있습니다. 코스프레는 코스튬 플레이costume play라는 일본식 영어 표현을 줄인 말인데, 애니메이션이나 게임 캐릭터로 분장하는 것을 가리키지요. 시작은 미국에서 「스타트렉」이나 「스타워즈」 같은 SF영화의 팬들이 등장인물로 분장한 것이지만, 실제 사람이 연기하지 않은 애니메이션과 게임의 캐릭터로 분장한 것은 일본이 처음입니다.

오타쿠 긍정론

다 큰 어른들이 장난감을 가지고 놀거나 캐릭터의 의상을 입고 흉내나 낸다며, 오타쿠를 '미성숙한 인간'이라든지 '실제 인간관계를 두려워하며 허구의 세계로 도망간 사람'이라고 평가하기도 합니다. 그런데 이런 평가에는 동의하기 어렵습니다. 오타쿠는 어디까지나 취미 생활에 열심인 사람입니다. 취미에 몰두했다고 사회생활을 소홀히 한다는 법은 없지요.

최근 우리나라에서는 오타쿠를 '능력자'라 부르며 긍정적으로 보려는 움직임이 있습니다. 일본도 마찬가지입니다. 우선 오타쿠의 정보 습득력과 깊이 있는 분석력이 높이 평가받고 있지요. 단지 작품을 소비하는 차원에서 나아가 작품의 빈틈을 찾아내기에, 작품이 더 좋은 방향으로 전개되어 나가는 데 오타쿠의 지식이

코미케에는 수많은 2차 창작자들이 동인지를 판매하기 위해 참여한다.

활용되기도 합니다. 이런 점에서 오타쿠가 소비자consumer와 생산자producer 역할을 모두 해내는 '프로슈머prosumer'가 될 수 있다고 여겨집니다.

일부 오타쿠는 원작을 패러디하여 새로운 창작물을 만들기도 합니다. 이를 2차 창작이라 부르는데, 1차 창작된 원작을 바탕으로 자기만의 새로운 작품을 만든다는 의미죠. 2차 창작된 작품들은 동인지 형태로 출간됩니다. 동인지는 정식 출판물이 아니기 때문에 사고파는 장소가 필요합니다. 그래서 열리는 행사가 '코믹 마켓', 줄여서 '코미케コミケ'입니다. 매년 8월과 12월에 도

쿄 국제 전시장에서 열리는 코미케에는 전 세계에서 수십만 명이 찾아옵니다. 코미케에는 동인지 외 2차 창작된 게임도 출품되고, 코스프레 행사도 열립니다. 이를테면 오타쿠의 잔치인 셈이죠. 가장 핵심적인 고객들이 모이는 행사이기 때문에 코미케에는 출판사와 게임 제작사 등 기성 기업도 판매 창구를 개설합니다. 그리고 기성 기업들은 2차 창작의 아이디어를 사거나, 아니면 아예 만든 사람을 스카우트하기도 하지요. 2차 창작에 문제가 없는 것은 아닙니다. 엄연히 원작의 저작권을 침해하는 것이니까요. 패러디니까. 그리고 새로운 창작의 바탕도 되니까 2차 창작물을 허용해야 한다는 주장이 있는 반면, 돈을 받고 판매하는 이상 저작권을 침해하는 행위라는 주장이 맞서고 있습니다.

스포츠

생활 깊숙이 자리 잡은 종목들

올림픽과
유도

　　2020년 도쿄에서 하계 올림픽이 열릴 예정입니다. 일본이 올림픽을 개최하는 것은 이번이 네 번째로, 1964년 도쿄 올림픽, 1972년 삿포로 동계 올림픽, 그리고 1998년 나가노 동계 올림픽을 치렀습니다. 여덟 번 개최한 미국과 다섯 번 개최한 프랑스에 이어, 일본은 세 번째로 올림픽을 많이 유치한 나라가 되었습니다. 사실 일본에는 기회가 두 차례 더 있었습니다. 1940년에 하계와 동계 올림픽이 도쿄와 삿포로에서 열릴 예정이었지만,

제2차 세계 대전 때문에 개최하지 못했지요. 1964년 도쿄 올림픽에서 일본은 금메달 16개를 획득하며 세계 3위에 오릅니다. 좋은 성적을 거둔 데다 고도 경제 성장 시기의 한복판이었던 덕분에, 도쿄 올림픽은 일본의 전환점 중 하나로 여겨집니다. 도쿄 올림픽 개최일은 이후 '체육의 날'이라는 공휴일로 지정되어, 지금도 10월 둘째 주 월요일은 쉬고 있습니다.

일본에서 비롯하여 올림픽 정식 종목이 된 스포츠에는 유도가 있습니다. 유도는 도쿄 올림픽부터 정식 종목으로 채택되었지요. 유도의 기원은 전국 시대 무사들이 익히던 무술인 유술柔術입니다. 메이지 유신 이후 '일본 체육의 아버지'라 불리는 가노 지고로가 국민 체력 향상을 위해 유술을 정리하여 유도를 만들어 냈지요. 유도는 1898년 중학교 필수 과목이 되어 1945년까지 학교에서 가르쳤습니다. 일본의 패전 후 연합국 총사령부는 유도가 군국주의적 과목이라며 수업을 금지했습니다.

연합국 총사령부가 물러간 뒤 유도는 선택 과목으로 부활했고, 2012년부터 중학교 필수 과목이 되었습니다. 공식 명칭은 '무도 필수화'로 유도 이외에 검도, 스모, 가라테, 궁도, 소림사 권법 등을 택할 수 있지만, 대부분의 학교는 유도를 가르치고 있지요. 일본 정부는 무도 필수화의 이유를 전통문화와 전통 사상을 습득하기 위해서라고 이야기합니다. 하지만 부상 위험이 큰 유도를 전국의 중학생이 꼭 배워야 하는지 우려하는 목소리가 높습니다.

생활
문화

게다가 유도가 1945년 이전에 필수 과목이었기 때문에, 무도 필수화는 군국주의 시대로 되돌아가려는 정책이 아니냐는 비판도 있지요.

국기 스모

우리나라의 국기國技는 태권도이지만, 일본의 경우 스모相撲입니다. 스모는 고대 국가 때부터 일본인들이 즐겼다고 합니다. 흥행을 위한 스모 경기는 에도 시대부터 시작되었습니다. '혼바쇼本場所'라 불리는 스모의 공식 대회는 1년에 6번 있습니다. 혼바쇼는 1월에 도쿄에서 시작하여 3월에 오사카, 5월에 다시 도쿄, 7월에 나고야, 9월에 다시 도쿄, 11월에 후쿠오카에서 마지막으로 열립니다. 스모는 지금도 인기가 많아서 경기장의 좌석은 거의 매일 매진됩니다. 그리고 NHK가 혼바쇼의 모든 시합을 중계해 주고, 시청률도 높지요.

혼바쇼는 한 대회가 15일간 치러집니다. 출전 선수들은 매일 경기를 해야 하니, 한 대회에서 15번 싸우게 되지요. 그중 절반 이상, 즉 8번 이상을 이기면 승진할 수 있고, 그러지 못하면 지위가 떨어집니다. 승진이라니, 회사 같다고요? 맞습니다. 스모 선수들은 각각의 지위가 정해져 있습니다. 가장 높은 지위에 있는 선수를 요코즈나横綱라고 하지요. 스모계에 입문하면 가장 낮은 지위인 조노구치序ノ口를 받습니다. 조노구치부터 요코즈나에 오

오사카에서 열린 혼바쇼에 출전한 두 스모 선수가 치열하게 승부를 겨루고 있다.

르기까지 몇 년이 걸립니다. 대부분의 선수들은 요코즈나에 오르지 못하고 은퇴하지요. 18세기에 처음 요코즈나가 탄생하고 거의 300년이 지난 현재까지, 71명의 선수밖에 요코즈나에 오르지 못했습니다. 물론 각각의 혼바쇼마다 우승자를 가리긴 합니다. 혼바쇼 우승자는 큰 상금을 받고 빠르게 승진할 수 있지요.

보통 스모를 일본의 씨름이라고 이야기합니다. 하지만 스모와 씨름은 차이점이 많습니다. 먼저 승패를 가르는 기준이 다릅니다. 발 이외의 신체 부위가 땅에 닿으면 지는 규칙은 똑같습니다. 다만 스모에는 또 하나의 기준이 있죠. '도효土俵'라 불리는, 흙으로 만든 사각의 경기장을 벗어나면 패배로 판정됩니다. 씨름은 경기장에서 벗어나도 다시 가운데로 와서 경기를 재개하니, 스모와는 큰 차이가 있지요. 스모 경기장을 일본인의 집단에 비유하여, 집단에서 벗어나는 행위가 그만큼 큰 의미를 지닌다고 해석하기도 합니다. 스모의 기본 공격이 상대방을 손으로 미는 동작인 것도 경기장에서 밀어내기 위함입니다. 「스트리트 파이터」라는 유명한 게임에 혼다라는 스모 선수 캐릭터가 등장합니다. 한국에서는 장풍을 쏜다고 오해하는 사람들도 있지만, 이 캐릭터의 기본 동작 역시 바로 미는 것이죠.

스모는 경기 시작도 독특합니다. 스모 선수는 신성하게 여겨지는 도효에 올라가서 물로 입을 헹구고, 종이로 입가와 땀을 닦아냅니다. 그리고 소금을 도효에 뿌리는 정화 의식을 한 뒤 상대와 마주하지요. 그런데 교지(行司)라 불리는 스모의 심판은 시작 구령을 외치거나 호루라기를 불지 않습니다. 선수 두 명의 호흡이 맞는 순간, 시합이 시작되지요. 만약 호흡이 맞지 않아 한쪽만 달려들었다면 다시 시작해야 합니다. 모든 것을 선수들에게 맡겼다는 점에서 독특한 재미가 있습니다. 언제나 상대의 기색을 살피는 일본인의 특징도 엿보이지요.

또 다른 특징으로 스모에는 체급이 없습니다. 신장 167센티미터 이상, 몸무게 67킬로그램 이상이라는 기준만 있지요. 200킬로그램이 넘는 선수도 있어 다윗과 골리앗의 싸움 같은 시합이 자주 펼쳐집니다. 체중이 더 무거운 선수가 이긴다는 법은 없습니다. 작은 선수가 화려한 기술로 체격 열세를 극복하여 승리하는 장면은 스모의 가장 큰 재미 중 하나입니다. 최근 요코즈나 자리에는 일본인 선수가 오르지 못하고, 계속해서 몽골 출신 선수들이 차지하고 있지요. 아시아 씨름의 원조가 몽골이라서 그럴지도 모르겠습니다.

가장 대중적인
야구와 축구

　　　　일본에서 가장 대중적인 스포츠는 야구와 축구입니다. 일본 야구는 선수층이 두껍기로 유명하지요. 우리나라에는 고교 야구팀이 60여 개 있지만, 일본에는 무려 4,000개가 넘는 고교 팀이 있습니다. 모든 팀이 참가하는 예선을 통과한, 단 49개 팀만이 8월 중순에 열리는 전국 고등학교 야구 선수권 대회에 출장할 수 있지요. 이 대회는 개최 장소인 '고시엔 구장甲子園球場'의 이름을 따서 '고시엔'이라고도 불립니다.* 고시엔에 출전했다는 사실만으로도 대단하다고 여겨집니다. 출전한 선수들은 시합이 모두 끝난 후, 기념품 삼아 고시엔 운동장의 흙을 담아 가기도 하지요.

고시엔은 1915년부터 시작되었습니다. 일본 최초의 프로 야구단은 그로부터 5년 뒤인 1920년에 창설되었지요. 7개의 구단이

● 고시엔 구장은 프로 야구팀 한신 타이거스의 홈 경기장이기도 하다. 고교 대회 중에는 한신 타이거스가 경기장을 양보한다.

생활
문화

229

전국 고등학교 야구 선수권 대회가 열린 고시엔 구장에 관중이 가득 차 있다. 대회 출장은 학교뿐 아니라 지역의 자랑이 되곤 한다.

프로 야구 리그전을 벌이기 시작한 것은 1936년입니다. 현재는 총 12개 팀이 센트럴 리그와 퍼시픽 리그로 나뉘어 매년 우승을 다투고 있습니다. 전국에 팬이 가장 많은 팀은 도쿄를 연고지로 하는 요미우리 자이언츠입니다. 1934년 창설되어 12개 팀 중에서 역사가 가장 오래되기도 했고, 가장 많이 우승하기도 했지요. 특히 1965년부터 1973년까지는 9년 연속 일본 시리즈에서 우승했습니다. 이러한 압도적인 실력과 더불어 모기업인 요미우리 신문사가 소유한 니혼테레비에서 경기가 중계되는 덕에, 요미우리 자이언츠는 다른 팀과 비교할 수 없을 정도로 팬이 많습니다. 오랫동안 요미우리 자이언츠의 중계방송 시청률은 따 놓은 당상이 었지요. 하지만 21세기 들어서 시청률이 하락하며 야구 중계는 지상파에서 위성 방송으로 옮겨졌습니다.

일본은 축구 선수층도 두껍습니다. 고교 축구팀은 야구와 마찬가지로 4,000개가 넘지요. 그에 비해 우리나라는 170개 정도입니다. 야구와 달리 프로 축구 리그는 우리나라가 일본보다 훨씬 앞선 1983년에 시작했습니다. 일본은 10년 뒤인 1993년에 프로 리그가 발족했지요. 프로 리그가 발족하고 5년 뒤인 1998년, 일본은 처음으로 월드컵 대회에 출전했습니다. 그 뒤로는 계속 월드컵 본선에 올랐지요. 최근 일본의 축구 열기를 이끌고 있는 것은 여자 국가 대표 팀입니다. 일본은 2011년 여자 월드컵 대회에서 우승했고, 2015년 대회에서는 준우승하는 활약을 했습니다.

● 일본에서는 언제부터 도시락이 발달했나요?

일본어로 벤토弁当라고 하는 도시락이 널리 퍼진 때는 에도 시대라고 합니다. 하루 종일 상연하는 가부키를 보면서 도시락을 먹었던 것이죠. 가부키 공연의 막과 막 사이에 먹었다고 해서, '마쿠노우치幕の内' 도시락이라 불렸습니다. 마쿠노우치 도시락은 한쪽에 흰밥이 있고, 다른 한쪽에 생선구이 도막, 계란말이, 튀김 등의 반찬이 있습니다. 마쿠노우치 도시락은 지금도 일본에서 가장 기본이 되는 도시락 형태입니다. 또 하나 기본적인 도시락으로는 쇼카도松花堂 도시락이 있습니다. 이 도시락은 쇼카도라는 승려가 발명했고, 도시락 통을 십자형 칸막이로 나누어서 밥과 반찬들이 서로 섞이지 않게 했지요.

도시락은 파는 곳에 따라서 이름이 붙기도 합니다. 예를 들어 기차역 구내에서 판매하는 도시락은 에키벤駅弁이라고 부르지요. 철도가 발달한 만큼 일본 전국에 에키벤이 2,000종류 넘게 있다고 합니다. 에키벤의 매력은 그 역에 가야만 먹을 수 있는 도시락이라는 희귀성에 있습니다.

간편하게 먹는 밥으로는 요즘 우리나라에서도 편의점 상품으로 잘 팔리는 삼각 김밥이 있습니다. 삼각 김밥은 일본에서 건너왔는데, 일본어로는 오니기리おにぎり라고 합니다. '뭉친다'는 뜻의 동사 '니기루にぎる'에서

유래한 이름이지요. 우리나라의
주먹밥과 비슷한 셈입니다. 왜 하
필 삼각형이냐고요? 원래 오니기
리의 형태는 원형, 사각형, 원기
둥 등 다양합니다. 삼각형이 세워
서 진열하기 좋고, 손에 들고 먹
기 편하기 때문에 가장 흔해진 것
이지요.

일본 기차 여행의 재미 중 하나인 에키벤.

● 게임기로 유명한 닌텐도가 화투를 만들던 회사인가요?

닌텐도任天堂는 지금도 화투를 만들고 있습니다. 화투는 일본어로
하나후다花札라 하는데, 포르투갈 선교사가 전해 준 서양의 트럼프를 본
떠서 만들어졌지요. 에도 시대에는 도박이 금지되었기 때문에 단속을 피
하기 위하여 화투짝에 숫자가 아니라 그림을 그렸다고 합니다. 메이지 유
신 이후 금지가 풀리자 화투를 만드는 가게들이 생겨났고, 그중에서 유명
했던 곳이 닌텐도입니다.

닌텐도의 목표는 사람들에게 오락을 제공하는 것입니다. 닌텐도는
1950년대에 일본 최초로 플라스틱제 트럼프를 발매했고, 1960년대에는
보드게임, 블록 완구 등을 만들었습니다. 1970년대에는 전구가 달린 총

으로 인형을 쏘면 쓰러지는 장난감 총을 판매했지요.

닌텐도는 1980년대 들어서 게임기를 만들기 시작합니다. 텔레비전과 연결해서 즐기는 가정용 게임기인 '패밀리 컴퓨터'는 폭발적인 인기를 얻었죠. 패밀리 컴퓨터는 카트리지를 바꾸어 끼우면 다양한 종류의 게임을 즐길 수 있었습니다. 이 시기에 탄생한 게임 캐릭터가 오늘날까지 사랑받는 슈퍼 마리오와 동키콩입니다. 닌텐도는 1989년에 휴대용 게임기인 '게임 보이'를 발매합니다. 게임 보이에서 첫선을 보인 캐릭터로는 포켓 몬스터가 있습니다. 포켓 몬스터는 애니메이션으로도 만들어져 전 세계에 알려졌지요.

닌텐도는 2004년 새로운 휴대용 게임기 '닌텐도 DS'를 만들어 냅니다. 닌텐도 DS는 접이식에 화면이 두 개라는 참신한 형태로 전 세계에 1억 대 이상 팔렸습니다. 그리고 2년 뒤 발매된 가정용 게임기 '닌텐도 위Wii' 는 실제 스포츠를 하듯이 몸을 움직이며 즐길 수 있는데, 역시 전 세계에서 큰 인기를 얻었지요. 이러한 성공에 힘입어 당시 닌텐도 회장은 일본 최고의 자산가가 되기도 했습니다.

하지만 스마트폰이 등장하며 게임기 산업은 큰 타격을 입습니다. 현재 닌텐도는 새로운 변신을 꾀하고 있습니다. 그간 닌텐도는 독자적인 게임기를 개발해 왔지만, 이제부터는 스마트폰용 게임 개발에 총력을 기울인다고 발표했지요. 그리고 가장 대표적인 캐릭터인 슈퍼 마리오의 애니메

이션 제작도 기획되고 있습니다. 닌텐도가 앞으로 어떠한 새로운 오락을
제공해 줄지 기대됩니다.

● 일본에는 어떤 전통 의상이 있나요? 그리고 어떤 때 입나요?

일본의 전통 의상은 와후쿠和服라고 합니다. 여기서 와和는 일본을
가리킵니다. 일본 음식을 와쇼쿠和食라고 부르는 것과 마찬가지이지요.
우리에게는 와후쿠보다 기모노라는 단어가 잘 알려져 있습니다. 본래 기
모노着物는 한자 그대로 '입는着 것物' 전부를 가리키는 말입니다. 근현대
에 서양식 의상이 들어오자, 기모노는 와후쿠와 동일하게 쓰이며 전통 의
상만을 뜻하게 되었지요.

저고리와 치마가 분리된 한복과 달리, 와후쿠는 위아래가 붙어 있고 허
리띠를 묶어 옷을 여밉니다. 남자 옷과 여자 옷의 기본적인 모양은 거의
같지요. 와후쿠는 정장과 일상복으로 나뉩니다. 여성의 정장은 결혼 여
부에 따라 색깔이 다르고 소매의 폭도 다릅니다. 보통 기혼 여성의 옷은
단색에 소매 폭이 넓지 않지만, 미혼 여성의 옷은 색이 다양하고 소매 폭
이 넓지요. 남성의 정장은 나이에 따른 색깔이나 모양 구별이 없고, 하오
리羽織라는 겉옷과 하카마袴라 불리는 바지를 더 입어야 격식에 맞습니다.

와후쿠 안에는 지반襦袢이라 불리는 옷을 또 입어야 합니다. 지반도 와
후쿠와 마찬가지로 위아래가 붙어 있지요. 그 대신 문양이나 색깔이 단

와후쿠 정장을 갖춰 입은 일본 여성.

순합니다. 와후쿠는 이처럼 이중으로 되어 있기 때문에 여름에는 더워서 입기 힘듭니다. 그래서 지반이 없이 간단히 입을 수 있게 고안된 일상복이 유카타浴衣입니다. 한자를 보면 알 수 있듯 유카타는 목욕沐浴을 마치고 입는 옷衣인데, 여행을 가면 여관이나 호텔에서 잠옷으로 제공해 줍니다. 유카타를 입고 바깥을 돌아다니면 예의에 어긋납니다. 하지만 온천 마을이나 여름철 축제 같은 곳에서는 유카타를 입고 다녀도 괜찮지요.

와후쿠에는 셋타나 조리, 게타 같은 신발을 신습니다. 이 신발들 모두 엄지발가락과 집게발가락 사이에 끈을 끼워서 신는 형태이지요. 그래서 일본의 버선은 벙어리장갑처럼 엄지발가락만 따로 끼울 수 있게 되어 있습니다. 이를 본 우리나라 사람들이 일본인은 족발처럼 생긴 것을 신는다고 비하하며 만들어 낸 말이 '쪽발이'입니다.

눈과 귀를 닫아서는

*05 »

안 되는

이유

역사 속 한일 교류

교류가 가져다준 평화

고대 국가의
교류

우리와 일본의 교류는 역사가 아주 깁니다. 정확히 말하면 역사 이전, 즉 선사 시대부터 시작되었지요. 빙하기 때에는 한반도와 일본이 육지로 연결되어 있었습니다. 야요이 시대에는 벼농사와 철기가 한반도를 통해서 일본으로 전해졌지요. 고대 국가가 성립된 뒤 불교와 유교 경전을 포함한 선진 문물이 한반도를 거쳐 일본으로 전파되었습니다. 그런데 고대 일본을 우리가 세워 주었다거나 백제인이 천황가의 기원이라고 하면서, 일본에 대한 한반도의 영향을 강조하는 경우가 있습니다. 우리가 일본의 고대 국가 성립과 문화 형성에 지대한 영향을 끼친 것은 분명한 사실입니다. 하지만 그렇다고 우리가 모든 걸 다 해 주었다고 말하면 과장이 지나친 것입니다. 일본이 우리에게서 받은 것만으로 고대 국가와 문화를 이룩했다고 할 수 없고, 일본만의 특성을 보이는 문물들이 많으니까요.

백제인이 천황가의 기원이라는 말도 깊이 생각해 봐야 합니다. 천황가에 백제인의 피가 흐르는 것은 사실입니다. 간무桓武 천황의 어머니가 백제계였지요. 하지만 간무 천황이 태어난 것은 백제가 멸망하고 70여 년이 지난 뒤이니, 그의 어머니는 백제인이라기보다 백제계였을 것입니다. 이를 천황가의 기원이라고 하기는 어렵습니다. 천황가에 백제계의 피가 섞였다고 해야 적절하지요. 게다가 한때 일본이 조선인과 일본인의 조상이 같다는 논리로 식민지 지배의 정당성을 주장한 적이 있기 때문에 이런 발언은 더욱 조심해야 합니다. 1937년 중일 전쟁을 일으킨 일본은 조선인의 협력이 절실해지자, 조선인과 일본인은 공통점이 있으니 서로 도와야 한다는 주장을 펼쳤습니다. 조선 총독부는 조선인과 일본인이 인종적·언어적으로 뿌리가 같기 때문에, 일본이 조선을 점령한 것은 '동족끼리의 통일'이자 '옛날로 돌아가는 일'이라고 주장했지요. 따라서 단순히 백제인이 천황가의 기원이라고 주장해 버리면, 조선인과 일본인의 뿌리가 같다고 했던 조선 총독부의 핑계와 논리가 같아져 버립니다. 이 문제에 대해서는 역사적 사실 관계를 명확히 따져 봐야 합니다.

한편 일본인 중에서도 한반도에 끼친 일본의 영향을 과장하고 왜곡하는 이들이 있습니다. 일본이 4세기 무렵 한반도 남부에 '임나일본부任那日本府'라는 기관을 세우고 통치했다는 것이죠. 이는 일본 학자가 식민지라는 근대적 개념을 고대 국가에 잘못 대입해서 만들어 낸 이론입니다. 지금껏 이야기했듯 고대에 이루어졌던 한반도와 일본의 관계를 한쪽이 일방적으로 다른 쪽에 영향을 주었다는 식으로 해석해서는 안 됩니다. 고구려, 백제, 신라가 서로 견제하는 와중에 삼국이 각각 자국의 이득에 따라 일본과 외교를 맺었지요. 일본은 삼국 중에서 백제와 사이가 가장 돈독했지만, 그렇다고 백제와의 관계만 우호적으로 유지했던 것은 아닙니다. 동아시아의 세력 변화에 따라 일본의 외교 방향도 바뀌어서, 백제와 멀어지고 신라와 가까워진 적도 있지요.

7세기에 신라와 당나라의 연합군에 의해서 백제가 멸망하자, 일본은 수만 명의 군사를 보내 백제의 부흥을 도우려고 했습니다. 그럼에도 백제 부흥 운동은 실패했고, 왕족을 비롯한 수많은 백제 유민들이 일본으로 망명합니다. 이들은 일본에서 관료가 되기도 했고, 학문 발달에 도움을 주기도 했지요.

통일 신라와 발해의 교류,
그리고 고려와의 단절

일본은 신라가 삼국을 통일하자 '견신라사遣新羅使'라는 사절단을 보냅니다. 당나라 세력을 견제하기 위해서 신라와 일본은 서로 반목할 수만은 없었지요. 견신라사는 20여 차례 보내졌고, 여기에 일본의 승려들이 포함되어 신라에서 불교를 공부하고 돌아갔습니다. 신라도 일본에 사신을 보냈습니다. 도다이지의 창고 쇼소인에는 신라의 사절단이 가져온 인삼, 융단, 아라비아산 향료 등 100가지가 넘는 교역 품목에 대한 기록이 남아 있지요. 한편 고구려의 뒤를 이어 발해가 건국되었지만, 일본은 발해와 활발하게 교류하지는 않았습니다.

8세기 중반 당나라는 양귀비와 현종의 사랑, 그리고 내란* 때문에 국력이 크게 쇠퇴합니다. 이는 당나라 견제라는, 신라와 일본이 교류하게 하던 원동력이 약화되었음을 뜻하지요. 신라와 일본은 사신 간의 교류에서 서로를 보다 높이 대우해 달라고 다투기도 했고, 남해에서 군사 충돌을 빚기도 했습니다. 이때 일본은 신라 침공 계획을 세웁니다. 침공 계획을 세운 이유에 대해서는 여러 가지 설이 있습니다. 백촌강 전투 패배에 대한 설욕, 내란 때문에 당나라가 신라를 도와줄 수 없을 것이라는 예상, 그리고 당시 일본의 유력 대신이 실행할 생각이 없음에도 권력을 잡기 위해서 침공 계획을 세웠다는 등 다양한 이유가 꼽히지요. 이러

242

● 현종이 양귀비에 빠져 국정을 소홀히 하던 와중에 양귀비의 총애를 받던 장군 안녹산이 더 많은 권력을 탐내어 반란을 일으켰다.

한 분위기 속에서 일본은 발해와 급속도로 가까워집니다. 이 시기에 일본은 10여 년에 한 번 보내던 '견발해사^{遺渤海使}'를 거의 매년 보냈습니다. 하지만 당나라에서 내란이 수습되자, 일본의 신라 침공 계획도 흐지부지되고 맙니다. 발해와 일본의 관계는 다시 멀어졌지요.

9세기 말부터 10세기 초까지 동아시아는 격동의 시대를 맞습니다. 당나라, 발해, 그리고 신라가 차례로 망했지요. 이러한 혼란기를 틈타 신라에서 생겨난 해적이 큰 세력을 이루어 일본을 자주 약탈했습니다. 이때 일본이 한반도에 품은 커다란 반감은 고려가 들어선 뒤에도 이어졌지요. 고려와 일본은 공식 사절단을 주고받은 적이 한 번도 없습니다. 13세기 후반 원나라가 고려와 함께 일본을 공격한 탓에 일본은 한반도에 더욱 큰 반감을 갖게 됐지요.

14세기 중후반 일본은 천황이 둘이 있는 남북조 시대를 맞아 혼란에 빠집니다. 중앙 정부의 통제가 약화된 틈을 타서 왜구가 창궐했지요. 왜구는 고려 말과 조선 초기의 한반도에 막대한 피해를 입혔습니다. 원래 일본 해적을 뜻하던 '왜구'가 이때부터는 아예 일본을 낮추어 부르는 말로 쓰이기 시작합니다.

임진왜란과
조선 통신사

남북조 시대를 통일한 무로마치 막부는 왜구를 단

속하고 조선과 교류를 재개합니다. 이에 답하여 조선도 사신을 보내지요. 이때 등장한 용어가 통신사通信使입니다. 통신은 믿음으로 통한다는 뜻입니다. 이 단어에서 한일 간에 믿음이 생기기를 바라는 마음이 느껴지지요. 조선은 무로마치 막부에 왜구 단속을 요청했고, 일본은 조선에 대장경을 부탁했습니다. 세종 대왕 때 통신사로 갔던 신숙주는 자신이 본 일본의 사정을 『해동제국기』라는 책에 자세히 남겼습니다. 이 책은 한국은 물론이고 일본에서도 당시 모습을 가장 잘 알려 주는 사료로 연구되고 있습니다. 하지만 일본이 전국 시대로 접어들며 혼란에 빠지면서 다시금 한반도와 일본의 공식적 교류는 단절됩니다.

150여 년의 세월이 흘러, 전국을 통일한 도요토미 히데요시가 조선에 이를 축하하는 통신사 파견을 요구합니다. 도요토미 히데요시의 오만한 태도에 주저하긴 했지만, 조선은 일본에 한반도를 침략할 의도가 있는지 살피기 위하여 통신사를 보냅니다. 일을 마치고 돌아온 통신사 정사正使와 부사副使의 견해는 정반대였습니다. 결국 조선 조정은 일본이 침략하지 않을 것이라고 보고한 부사의 견해를 채택합니다. 1592년, 전쟁을 대비하지 않고 있던 조선에 일본이 쳐들어옵니다. 임진왜란과 정유재란, 두 번에 걸친 전쟁은 조선에 엄청난 피해를 입혔습니다.

각지에서 일어난 의병, 이순신 장군의 맹활약, 그리고 명나라 군대의 도움 덕에 조선은 일본을 물리칠 수 있었습니다. 하지만

조선 침략을 모의하는 도요토미 히데요시와 부하들을 그린 18세기 우키요에.

전쟁 중에 헤아릴 수 없이 많은 사람이 죽었고, 수만 명이 일본으로 끌려갔습니다. 끌려간 사람들 중에는 도공도 있었는데, 이들은 규슈에 도자기 공예를 퍼뜨렸습니다. 심수관이라는 도공은 15대째 우리식 이름을 물려받으며 지금도 도자기를 만들고 있지요.

  일본군은 무공을 자랑하기 위하여 조선 사람의 코나 귀만 베어 가는 등 각지에서 잔인한 짓을 일삼았습니다. 전쟁 뒤, 조선은 철천지원수 같은 일본과 모든 교류를 끊고 싶었지만, 그러한 단절이 결코 평화를 가져다주지 않는다는 사실도 알고 있었습니다.

두 번이나 쳐들어온 일본이 또다시 침략하지는 않을지 알아내야 했고, 끌려간 사람들도 데려와야 했지요. 이를 위해 조선은 의병 활동으로 유명한 사명 대사를 탐적사^{探敵使}, 즉 적을 정탐하는 사절로서 일본에 파견합니다. 사명 대사는 도쿠가와 이에야스를 직접 만납니다. 임진왜란에 참여하지 않았던 도쿠가와 이에야스는 전쟁을 다시 일으킬 생각이 없으며 끌고 온 사람들도 돌려보내겠다는 뜻을 사명 대사에게 밝혔지요.

사명 대사가 귀국하여 이 사실을 알리자, 조선은 일본과 교류를 재개할 준비를 합니다. 하지만 먼저 대의명분이 필요했습니다. 조선은 일본에 공식 문서인 국서와 더불어 전쟁 때 한성의 왕릉을 파헤친 범인을 붙잡아서 보내라고 요구합니다. 몇 달 뒤 일본의 국서와 함께 두 명의 일본인이 조선에 이송됩니다. 이 국서를 도쿠가와 이에야스가 직접 보냈는지, 아니면 중계 역할을 하던 쓰시마 번에서 위조했는지 당시 조선 조정에서 견해가 갈렸는데, 지금 학자들도 결론을 내리지 못하고 있습니다. 또한 왕릉을 파헤친 범인으로 보낸 두 사람이 진범인지 아닌지도 모르는 일이었지요. 조선 조정은 논의 끝에 어느 정도 대의명분이 세워졌으니, 단절보다는 교류를 재개하자고 선택합니다. 전쟁이 끝난 지 10년째 되던 1607년 다시금 통신사가 일본 땅을 밟습니다.

통신사는 1607년부터 1811년까지 12번 일본을 찾았습니다. 주로 장군이 바뀌거나 장군의 후계자가 태어났을 때 축하하는 의

조선 통신사 행렬을 묘사한 18세기 중반의 그림. 에도 시내를 지나는 통신사 행렬을 수많은 군중이
구경하고 있다.

미로 파견되었지요. 통신사는 부산에서 배를 타고 쓰시마 번으로
갔습니다. 조선과의 무역을 주관하던 쓰시마 번은 통신사와 관련
된 모든 일을 맡고 있었지요. 통신사는 쓰시마 번에서 다시 배를
타고 규슈로 갔고, 이곳에서 혼슈와 시코쿠 사이의 바다를 통하
여 오사카로 향했습니다. 가는 도중에는 여러 도시에 들러 숙박
했지요. 오사카부터는 육로를 이용하여 교토와 나고야 등을 거쳐
에도로 갔습니다. 이러한 경로로 통신사가 왕복하는 데는 거의
10개월이 소요되었습니다.

조선에서 출발할 때의 통신사 규모는 500명 정도였지만, 쓰시마 번부터 1,500명 정도가 호위를 위해 동행했습니다. 여기에 해로일 경우 선원, 육로일 경우 말을 끄는 하인까지 합세하여 수천명에 이르는 대규모 행렬이 되었지요. 통신사가 지나가는 번들에는 접대 의무가 주어져서, 숙식 마련부터 도로 정비까지 총력을 기울여 준비했습니다.

당시 쇄국 상태이던 일본에 외국인이 대규모로 오는 일은 달리 없었기 때문에 통신사는 크나큰 문화적 자극을 주었습니다. 화가들은 통신사의 이국적인 모습을 그림으로 남기기도 했지요. 통신사는 각지의 지식인들과 필담을 나누었고, 유학을 비롯하여 문학·의학·회화 등 다양한 분야에서 교류를 했습니다. 통신사 접대는 각 지역의 가장 큰 행사였기에 아직도 지방 축제로 남아 있곤 합니다. 무엇보다 통신사를 보내고, 이를 받아들인다는 것 자체가 한일 우호의 상징이었지요. 통신사가 오고 가는 동안 조선과 일본에는 평화로운 시대가 이어졌습니다.

통신사는 1811년을 마지막으로 끊깁니다. 이후 몇 번이고 통신사를 재개하자는 논의가 있었으나, 쓰시마 번의 재정 파탄과 메이지 유신 때문에 결국 이루어지지 못했지요. 통신사의 방문이 멈추고 100년 뒤 조선은 일본에 강제 병합됩니다.

한일 간 대립

일본 제국주의는 청산되었을까

서로 다른
과거사 인식

　　1910년 일본은 조선을 강제 병합하고 식민지로 만듭니다. 35년간 일본의 통치 아래에서 우리는 우리일 수 없었습니다. 사회 모든 분야가 일본식으로 바뀌었고, 일본어를 써야 했고, 일본 종교를 믿어야 했고, 심지어 이름까지 일본식으로 바꾸라고 강요당했습니다. 강제 동원되어 노동을 착취당했고, 일본이 일으킨 전쟁에 끌려가 목숨을 잃었습니다. 꽃다운 나이에 종군위안부로 끌려간 할머니들의 청춘을 그 무엇으로 보상할 수 있겠습니까? 이 모든 슬픈 과거는 일본이 조선을 강제 병합한 것이 원인입니다. 일본이 침략하지 않았다면 20세기 우리나라의 역사는 크게 바뀌었을지 모릅니다. 한반도가 분단되는 일이 없었을지 모르고, 한국 전쟁이라는 동족상잔의 비극도 일어나지 않았을지 모릅니다.

일본이 우리에게 아무리 사과를 한들 절대 충분치 않을 것입니다. 그런데 사과는커녕 강제 병합이 한국에 도움이 되었다고 주장하는 사람들이 있습니다. 이른바 '식민지 근대화론'을 주장하는 것이죠. 식민지 근대화론자들은 한국이 식민지가 되어서 일본의 도움을 받은 덕에 근대화를 이루어 내었다고 주장합니다. 한반도 곳곳을 잇는 철도망이 완성되고, 전력이 공급되어 중공업이 발달하고, 근대적 교육이 실시된 것이 전부 일본의 '덕'이라고 하지요. 심지어 해방 후의 경제 발전도 식민지 때의 근대화가 바탕이 된 결과가 아니겠느냐고 말합니다.

이러한 식민지 근대화론은 사실을 너무 많이 왜곡한 주장입니다. 이 주장은 눈에 보이는 결과만을 강조할 뿐이고, 결과 뒤에 숨어 있는 속사정은 이야기하지 않습니다. 철도망은 식량과 자원을 조선에서 일본으로 실어 나르거나 군대를 이동시키기 위해 깔렸지, 조선인들의 이동을 편하게 해 주려는 의도는 전혀 없었습니다. 중공업이 발달하여 벌어들인 이득은 대부분 일본인 자본가가 가져갔지요. 또한 조선 총독부는 우민화 정책*을 펼쳤기 때문

● 지배층이 일반 시민의 정치적 관심이나 비판력을 둔화시킴으로써 충성심을 일으키려 하는 정책.

에 조선에 중등학교 설립을 거의 허가하지 않았습니다.

식민지 근대화론의 배경에는 우리를 너무나도 무시하는 일본의 인식이 숨어 있습니다. 결국 일본의 도움이 없었다면 우리는 근대화를 이루지 못했을 것이라는 말이니까요. 절대 그럴 리 없습니다. 좀 느리게 진행됐을지도 모르겠지만, 일본의 이익을 위한 근대화가 아니라 우리에게 맞는 근대화를 훌륭히 해냈을 것입니다.

전쟁을
바라보는 시선

여론 조사를 보면 일본인은 대부분 전쟁을 반대합니다. "그건 좋은 일 아닌가요?" 하고 되물을지도 모르겠습니다. 맞습니다. 그런데 일본인이 전쟁을 반대하는 이유가 우리의 생각과 좀 다릅니다. 자신들이 피해자라서 전쟁을 반대하는 것이기 때문입니다. 우리가 보기엔 고개를 갸웃하게 되지만, 대부분의 일본인은 그렇게 생각합니다. 오늘날 일본 학생들이 '평화 교육'이라는 명목으로 주로 찾는 곳은 히로시마, 나가사키, 그리고 오키나와입니다. 모두 다 일본인이 많이 희생된 곳이죠. 자신들의 피해가 컸던 장소에서 전쟁을 반대하고 평화를 지켜야 한다고 배우는 것입니다. 우리 생각에는 독일인이 아우슈비츠를 찾아가듯이, 일본인도 자신들이 침략했던 곳에 찾아가서 다시는 가해자가 되지 말자고 반성해야 할 텐데 말이죠.

이러한 피해자 인식은 가해자로서의 역사를 철저히 숨김으로써 만들어졌습니다. 계속되는 일본의 역사 교과서 왜곡과 정치인들의 망언도 피해자 인식을 바탕으로 하지요. 언론이나 대중문화에서도 전쟁이 어떻게, 왜 시작되었고, 누구와 싸웠는지 등의 사실은 배제한 채 도쿄 공습*과 원자 폭탄 투하 등 전쟁 말기에 입은 일본의 피해만을 강조합니다.

예를 들어 볼까요? 어린 남매가 주인공인 애니메이션 「반딧불이의 묘」는 거의 매년 8월 15일을 전후하여 일본의 텔레비전에서 방송되고 있습니다. 어디선가 날아온 비행기들이 공습을 시작하자 중학생 오빠와 네 살 먹은 여동생은 집을 나가 도망갑니다. 부모를 잃고 집이 불타 버린 남매는 친척 아주머니 집에 신세를 지지요. 아주머니의 구박에 못 이긴 남매는 산속에서 자기들끼리 살아가려 하지만 결국 둘 다 영양실조로 죽고 맙니다. 이 애니메이션은 당시의 비참함을 잘 그려 냈습니다. 하지만 일본군과 미군의 전투 장면도 없을뿐더러, 전쟁에 대해 전혀 설명하지 않습니다. 그 대신 일본인이 당한 피해가 컸다는 메시지만이 가장 연약한 어린이들을 통해서 전달되지요. 「반딧불이의 묘」를 보면서 일본인은 자신들이 전쟁의 '피해자'임을 재확인하게 됩니다.

피해자 인식을 품은 사람들이 일본의 주류를 이루고 있지만, 가장 우익적인 사람들은 이러한 인식조차 잘못되었다고 합니다. 그들은 일본이 타국을 침략한 사실을 숨기지 말고 밝혀야 한다고

● 1944년 말부터 제공권을 잃은 일본의 주요 도시에 미군 폭격기가 공습을 감행했다. 특히 수도인 도쿄에 공습이 집중되어 8만 명 이상이 사망했고, 도쿄 시가지의 절반 이상이 파괴되었다.

주장합니다. 문제는 침략을 자랑스러운 역사로 본다는 데 있습니다. 이러한 사람들은 전쟁 책임을 느끼고 과거를 반성하는 역사관에 대해 자책이 지나치다며 '자학사관自虐史觀'이라고 부릅니다. 일본의 침략에 짓밟힌 이웃 국가를 전혀 배려하지 않는 것이지요. 그들에게 묻고 싶습니다. "자기 잘못을 솔직히 인정하는 태도가 더욱 자랑스러운 일이지 않을까요?"라고 말입니다.

일본의
영토 분쟁과 독도

일본은 우리나라를 비롯하여 러시아, 중국, 타이완 등 이웃하는 모든 지역들과 영토 분쟁을 일으키고 있습니다. 북쪽 러시아부터 알아보죠. 일본은 러시아 영토인 쿠릴 열도 중 4개의 섬이 자기네 땅이라고 주장하고 있습니다. 쿠릴 열도는 홋카이도에서 북동쪽 방향으로 늘어서 있는 50여 개의 섬을 가리킵니다. 원래 쿠릴 열도는 러시아도 일본도 아닌, 아이누의 땅이었습니다. 19세기 들어 러시아와 일본은 서로 쿠릴 열도를 차지하려고 대립하다가 1855년 조약을 맺어 쿠릴 열도의 남쪽에 있는 4개 섬을 일본이, 그보다 북쪽의 섬들은 러시아가 지배하게 됩니다. 오늘날 일본이 러시아에 '북방 영토'라 불리는 4개 섬을 돌려달라고 주장하는 근거는 바로 이 조약이지요. 1855년 이후 쿠릴 열도의 통치권은 일본과 러시아를 오갔습니다.

홋카이도 위에 있는 섬 사할린도 애초에는 아이누의 땅이었지만, 쿠릴 열도와 같은 운명에 처합니다. 사할린은 홋카이도와 면적이 거의 비슷할 정도로 큰 섬입니다. 1875년에 일본과 러시아가 새롭게 맺은 조약으로 쿠릴 열도 전부를 일본이 가져가는 대신, 사할린을 러시아가 차지합니다. 30년 후인 1905년, 러일 전쟁에서 이긴 일본은 사할린 남부 지역을 러시아로부터 빼앗습니다. 지하자원이 풍부한 쿠릴 열도와 사할린을 개발하기 위해서 노동력이 필요했던 일본은 식민지 조선에서도 많은 사람을 이주시켰습니다. 제2차 세계 대전 중에는 탄광 일을 시키기 위해서 조선인들을 강제 동원했지요. 쿠릴 열도는 위치상 군사적으로도 중요하여, 1941년 하와이 진주만을 기습한 일본의 해군 함대는 쿠릴 열도에 있는 이투루프 섬에서 출발하기도 했습니다. 일본이 제2차 세계 대전에서 지자 사할린과 쿠릴 열도는 전부 러시아가 점령합니다. 이곳에 살던 일본인은 한 명도 빠짐없이 본국으로 돌아갔지만, 조선인에 대해서 일본 정부는 아무런 책임을 지지 않았습니다. 그리고 노동력이 부족했던 러시아 역시 조선인의 귀국을 허용하지 않았지요. '사할린 동포'라 불리는 이들이 조국에 돌아올 수 있게 된 것은 무려 40여 년이 지나 1990년 한국과 러시아가 수교를 맺은 뒤입니다.

일본 정부는 사할린 남부 지역에 대해서는 쿠릴 열도의 4개 섬처럼 적극적으로 돌려 달라고 주장하지 않습니다. 그 대신 일본에서 발행하는 세계 지도에는 사할린 남부가 남극처럼 하얗게 칠해지기도 합니다. 사할린이 어느 나라에도 속하지 않는다는 뜻이지요.

중국과 타이완, 그리고 일본 사이에는 댜오위다오釣魚島 문제가 있습니다. 이곳은 하나의 섬이 아니라, 가장 큰 댜오위다오를 포함한 8개의 무인도로 이루어져 있습니다. 이 섬들은 현재 일본 영토이며, 일본에서는 센카쿠尖閣 열도라고 부릅니다. 댜오위다오는 중국 푸젠福建 성의 동쪽, 타이완의 북쪽, 오키나와의 서쪽에 위치합니다. 다시 말해 댜오위다오는 중국, 타이완, 오키나와 사이에 위치하기 때문에 오키나와가 일본에 편입되기 전까지는 일본과 아무런 상관이 없는 섬이었습니다. 1895년 청일 전쟁에서 승리한 일본이 타이완과 더불어 댜오위다오까지 점령한 것이지요. 중국과 타이완은 근대 이전부터 역사적·지리적으로 댜오위다오가 자신들의 땅이었다고 말하며, 계속해서 일본에 댜오위다오를 돌려 달라고 요구하고 있습니다. 일본은 주인 없는 땅을 점령했을 뿐이니 돌려줄 필요가 전혀 없다고 거절하고 있지요.

21세기에 들어서 중국과 일본은 댜오위다오를 둘러싸고 신경전을 벌이고 있습니다. 중국의 선박이나 항공기가 일본이 상정하는 영해와 영공을 넘는 일이 많아졌지요. 물론 중국에서는 댜오위다오를 자신들의 땅이라고 주장하기 때문에 일본의 영해나 영공을 '침범'했다고 생각하지 않습니다. 중국과 일본의 갈등은

일본 순시선이 댜오위다오 근처 일본 영해를 침범한 타이완 어선과 경비선에 물대포를 쏘고 있다.

2012년 일본 정부가 댜오위다오를 국유화하면서 절정에 달했습니다. 이전까지 댜오위다오에는 사유지가 포함되어 있었습니다. 일본 정부가 1932년에 8개 섬 중에서 4개를 일반인에게 팔았기 때문이죠. 일본 정부는 중국과 댜오위다오를 둘러싼 대립이 심각해지던 2012년에 20억 5,000만 엔을 주고 땅 주인으로부터 섬 3개를 다시 구입합니다. 아직도 섬 하나는 사유지이긴 하지만, 일본 정부의 국유화 때문에 중국에서는 대규모 반일 데모가 일어났습니다. 또한 수만 명에 이르는 중국인이 일본 관광 계획을 취소했고, 일본 상품 불매 운동이 벌어지기도 했지요.

일본과 한국 사이에는 독도 문제가 있습니다. 독도는 사실 문제라고 할 수 없습니다. 일본이 일부러 문제로 만들려고 하는 것이지요. 1905년 러일 전쟁에서 승리한 일본은 조선의 외교권을 빼앗고 독도를 자기네 땅으로 편입시켰습니다. 그랬던 독도가 해방 이후 자연스럽게 우리에게 돌아온 것임에도 불구하고 일본은 우리나라가 독도를 '불법 점거'했다고 주장하고 있습니다.

일본은 우리에게 독도가 얼마나 중요한 곳인지를 전혀 이해하지 못하고 있습니다. 독도는 우리에게 단순히 조그만 돌섬이 아닙니다. 우리는 독도에 우리의 역사를, 특히 한일 관계를 투영하고 있습니다. 독도를 자기네 땅이라고 우기는 일본의 태도를 보면 침략과 식민지화에 매진했던 과거의 일본이 떠오릅니다. 일본은 독도에 담겨 있는 우리의 절실함을 알아야 할 것입니다.

영토를 둘러싼 모든 문제가 이웃 국가를 강제 병합하고 전쟁을 일으킨 자신들의 잘못에서 비롯된 것이니, 일본은 자신들의 주장을 내세우기 전에 반성하는 태도를 보이며 주변국의 의견을 존중해야 하는 게 아닐까요? 그러기 위해서는 우선 일본이 자신들의 잘못을 진심으로 깨달아야겠지요. 일본의 왜곡된 역사 인식과 그들이 일으키고 있는 영토 분쟁은 서로 연결되어 있는 하나의 문제라고도 할 수 있습니다.

대중문화 교류

음지에서 양지로, 그리고 한류

1998년까지 일본의 대중문화는 한국에서 금지되었습니다. 일제 강점기에 우리나라는 사회 전반에 걸쳐 일본의 영향 아래 있었기 때문에 독립 이후에는 일본 문화와 거리를 두고 우리 문화를 재정립할 시간이 필요했지요. 1965년 한국과 일본이 국교를 다시 맺었지만, 일본 대중문화는 계속 금지되었습니다. 그렇다고 모든 대중문화가 금지되었던 것은 아닙니다. 일본 소설은 번역해서 출간되었지요. 일본의 텔레비전 애니메이션도 방영되었고요. 「들장미 소녀 캔디」, 「마징가 Z」, 「우주 소년 아톰」, 「은하철도 999」, 「독수리 오형제」 등 일본을 대표하는 작품들이 우리나라 텔레비전에서 방송되었습니다.

제가 어렸을 때는 이러한 애니메이션들을 전부 한국에서 만든 작품으로 알았습니다. 한국에서 방영될 때 일본 작품이라는 설명이 전혀 없었으니까요. 일본 대중문화 개방 전후에야 전부 일본 작품이었음을 알게 되었지요. 제가 수십 년 전의 유명한 일본 애니메이션을 거의 다 봤다는 데 놀라는 일본인들을 많이 만났습니다. 그들은 일본 애니메이션도 당연히 한국에서 금지된 줄 알았다고 합니다. 한국의 방송국들이 어떻게 일본 대중문화 금지라는 국가 정책을 거스르면서 일본 애니메이션을 방영할 수 있었는지에 대해서는 알려진 바가 없습니다. 애니메이션과 사정은 좀 다르지만 텔레비전 드라마나 영화, 그리고 가요는 대중문화 수입 금지라는 상황을 악용하여 일본 작품을 표절하는 경우가 더러 있었지요.

그렇다면 일본에서 한국 대중문화는 어떤 상태였을까요? 일본이 한국 대중문화 수입을 금지하지는 않았지만, 아는 사람은 거의 없었습니다. 일본 사람들이 한국 문화에 관심이 적었고, 접하기도 쉽지 않았기 때문입니다. 국민 가수 조용필이 1980년대에 일본에 진출한 적이 있긴 합니다. 조용필은 일본에서 「돌아와요 부산항에」라는 노래로 인기를 얻었고, NHK 연말 인기 프로그램

「홍백가합전」에 4년 연속 출연하기도 했지요. 하지만 조용필의 인기가 최근의 한류처럼 큰 흐름으로 이어지지는 못했습니다.

일본 대중문화
개방과 한류

1998년 김대중 정부는 일본 대중문화를 개방합니다. 개방 이전에는 한국의 문화 산업이 일본에 종속되지 않을까 우려하는 목소리가 많았습니다. 하지만 결과적으로 우리가 개방함으로써 일본 또한 한국 문화를 받아들이는 계기가 마련되었습니다. 개방 과정을 차근차근 순서대로 살펴보도록 하죠.

1998년 제1차 개방에서는 일본 만화 및 한일 공동 제작을 하거나 4대 국제 영화제*에서 수상한 일본 영화의 수입이 허용되었습니다. 1999년 제2차 개방에서는 영화 수입의 범위가 넓어졌습니다. 전체 관람가 영화와 더불어 70개의 국제 영화제 수상작 수입이 가능해졌고 2,000석 이하 규모의 대중가요 공연이 허용되었지요. 2000년 제3차 개방에서는 대중가요 공연에 제한이 없어졌고, 국제 영화제에서 수상한 극장용 애니메이션을 상영할 수 있게 되었습니다. 그 덕에 2001년에는 애니메이션 「이웃집 토토로」가 만들어진 지 13년 만에 한국에서 개봉되었고, 이에 맞추어 미야자키 하야오 감독이 한국을 방문하기도 했지요. 노무현 정부가 들어선 2003년에 제4차 개방이 이루어집니다. 영화는 완전히 개방

● 칸 국제 영화제, 베니스 국제 영화제, 베를린 국제 영화제, 아카데미 시상식이 해당한다.

일본 아이돌 그룹 모닝구 무스메의 내한 공연 모습. 일본 대중문화 개방으로 일본 가수들도 한국에서 공연할 수 있게 되었다.

되었고, 일본어 음반도 판매할 수 있게 되었습니다. 지금까지 네 차례에 걸쳐 개방되었지만, 일본 대중문화를 모두 허용한 것은 아닙니다. 아직 지상파 방송에서 일본 드라마나 예능 프로그램을 볼 수 없고, 라디오에서도 일본어 노래를 들을 수 없지요.

흥미롭게도 한국이 일본 대중문화를 받아들일수록, 일본에서는 한류가 더욱 번져 나갔습니다. 1998년 영화 「쉬리」가 일본에서 흥행에 성공하자 한국 영화의 수입이 늘어났습니다. 2002년 한일 월드컵 공동 개최 이후, 한국에 대한 일본인들의 관심은 더욱 커집니다. 그리고 결정적인 계기가 찾아왔지요. 일본에 「후유노소나타冬のソナタ」라는 제목으로 소개된 드라마 「겨울연가」가

「겨울 연가」의 촬영지인 춘천을 찾은 일본인 관광객들. 가장 인기가 높았을 때에는 하루 2,000명이 방문하곤 했다.

대성공한 것입니다. 「겨울연가」는 NHK의 위성 방송 채널에서 2003년 4월 처음 방영되었습니다. 인기가 많아서 같은 해 12월에 위성 방송 채널에서 재방송되었지요. 그러자 위성 방송을 볼 수 없는 사람들이 지상파에서도 방영해 달라고 요구하여, 2004년 4월에 지상파로 다시 방영됩니다. 이때부터 「겨울연가」는 사회 현상이라 불릴 만큼 인기를 얻고 일본에서 본격적인 한류 붐을 일으킵니다.

「겨울연가」가 불러일으킨 한류의 특징은 일본 사람들이 한국 자체에 관심을 갖도록 했다는 점입니다. 드라마를 좋아하는 데서 나아가 한국을 궁금해하고, 한국으로 여행을 오고, 한국어를 배우는 등 적극적인 행동으로 이어졌지요. 또한 관심을 넘어 한국에 친밀감을 느낀다는 사람도 늘어났습니다. 한류 이전에는 일본에서 한국어를 배울 곳도 많지 않았고, 한국어를 배운다는 사실을 숨기는 사람들조차 있었습니다. 한국을 멸시하는 일본인이 있었기 때문이죠.「겨울연가」의 유행은 이러한 분위기를 바꾸었다는 데 큰 의의가 있습니다.

「겨울연가」는 중장년 일본 여성들에게 특히 인기가 높았습니다. 그래서 한류가 일본에 제한적인 영향만 주고 금방 식을 것이라고 예측하는 사람들이 있었지요. 하지만 드라마「대장금」이 방영되며 중장년 일본 남성들도 한국 사극에 관심을 갖게 되었습니다. 2010년대부터는 한국 걸 그룹이 일본에서 인기를 얻으며 청년층에서도 한류를 좋아하는 사람들이 늘어났지요. 특히 카라의 인기가 각별해서, 멤버들이 주연을 맡은 연속 드라마가 제작되어 일본 지상파 방송에서 몇 달 동안 방영되었습니다.

혐한과
한류 반대 데모

한류가 한창 인기를 얻던 2005년, 일본에서『혐한류嫌韓流』라는 만화책이 발간됩니다. 제목은 '한류를 혐오한다.'라는 뜻이지만, 한류에 대해서는 그다지 다루지 않습니다. 이 만화

책에서는 재일 교포를 비하하고, 식민지 근대화론을 내세우고, 독도를 자기네 땅이라고 우기는 기존의 보수 우익적인 내용이 되풀이됩니다. 한마디로 한국이 싫기 때문에 한류를 좋아해서는 안 된다는 것이지요. 『혐한류』는 일본인들이 기존에 품고 있던 한국에 대한 부정적 인상이 한류에 의해서 우호적으로 바뀌려고 하자 등장한 '반격'이었던 셈입니다.

이러한 반격이 행동으로 옮겨진 적도 있습니다. 2011년 8월 한류를 반대하는 데모가 일어났습니다. 수천 명이 도쿄에 있는 후지테레비 건물 주변을 돌면서 한국 드라마를 너무 많이 방영하지 말라고 방송국에 항의한 것입니다. 시위대는 생소한 한국의 연예인을 일본에서 유명한 것처럼 '날조'하지 말라고도 외쳤습니다. 그들 주장의 요지는 후지테레비가 일본 시청자를 무시하고, 한류의 보급을 위해서 일한다는 것입니다. 과연 그럴까요? 후지테레비는 낮 시간에 다른 프로그램보다 높은 시청률을 올릴 수 있는 한국 드라마를 편성했을 뿐입니다. 그리고 SNS에서 화제가 된 연예인을 섭외하는 경우가 많았기 때문에 텔레비전만 보던 사람들에게는 상대적으로 생소했던 것이지요. 아마 후지테레비가 한국이 아닌 미국이나 영국 드라마를 많이 보여 주었으면 항의하지 않았을 것입니다. 폭넓게 생각지 않고 데모를 실행한 배경에는 역시 일부 일본 사람들의 한국에 대한 편견이 숨어 있습니다. 이와 더불어 2011년 동일본 대지진 직후 일본이 느낀 위기감도 반영되었겠지요. 한류를 반대하는 사람들은 방송국에 이어 한류 관련 방송에 광고를 내는 회사에도 찾아가 데모를 했습니다.

2012년, 이명박 대통령이 독도를 방문하면서 한일 관계가 악화됩니다. 이후 일본에서 한류의 인기는 한풀 수그러들었습니다. 일본 지상파 방송에서 한국 드라마는 거의 사라졌고, 한국 가수들의 방송 출연 역시 찾아보기 힘들어졌지요. 하지만 위성 방송에서는 한국 드라마의 인기가 여전히 높은 편이고, 한국 연예인들의 일본 진출도 계속되고 있습니다. 이제 한류는 '붐'이라 불리는 일시적인 현상이 아니라, 일본 사회에 하나의 취향으로서 자리 잡았습니다. 일본인들이 한국 문화를 이해하거나 즐기면 안 된다는 선입견에서 어느 정도 벗어나, 미국이나 유럽 문화를 즐기듯이 한류를 스스로 선택하는 것입니다.

일류와
한일 대중문화 교류의 미래

일본 대중문화 개방 이후 한국에서도 일본 문화를 대하는 태도에 변화가 일어났습니다. 이를 한류에 대비해서 '일류日流'라고 부르는 사람들도 있지요. 일본 정부는 '일류'가 아닌 '쿨 저팬Cool Japan'이라는 용어를 내세우지만, 한국에서는 그다지 쓰이지 않습니다. 일본 대중문화 개방 이전에는 영상이나 음반 산업이 일본에 침식되지 않을까 하는 우려가 많았지만, 개방 이

한일
관계

265

후 일본의 영향은 거의 없었습니다. 가장 영향이 컸던 것은 출판 분야였지요. 애초부터 일본 대중소설 수입이 금지된 적은 없었지만, 일본 대중문화 개방을 계기로 한국에서 일본 소설이 큰 시장을 확보했습니다. 매년 수백 권의 일본 소설이 우리말로 번역되어 출간될 정도이지요.

요즘은 거리에서도 일본 음식점과 일본어 간판을 쉽게 찾아볼 수 있습니다. 이전에 보기 힘들던 라면집이나 일본식 술집인 이자카야 등이 흔해졌지요. 일본 문화가 우리나라에서도 하나의 취향으로 정착한 것 같습니다. 이는 일본인이 한국 문화를 대하는 태도가 변한 것과 비슷합니다. 일본 문화를 이해하거나 즐기면 안 된다는 선입견에서 우리도 어느 정도 벗어난 것이지요. 한일 간에 풀어야 할 문제가 산처럼 많지만, 이와 구별 지어 일본 문화를 즐기고 포용할 줄 아는 능력이 일본 대중문화 개방 이후에 생겨난 듯합니다.

한때 한류가 일본을 '정복했다'는 표현이 많이 쓰였습니다. 그런데 우리가 팝송을 듣거나 할리우드 영화를 본다고 미국 문화에 '정복당했다'고 말하지는 않으니, 썩 알맞아 보이지는 않습니다. 게다가 한류가 유행한다고 해서 일본에서 발생한 수익을 우리가 독차지하는 것도 아닙니다. 한류로 얻은 이익은 한일 관계자 서로에게 돌아가니까요. 우리에게 한류의 성공보다 중요한 것은 문화가 교류를 통해서 발전한다는 점입니다. 교류를 거듭해야만 우리의 문화 영역을 넓힐 수 있습니다. 문을 꼭 닫은 채로는 문화의 발전을 기대할 수 없지요. 우리에겐 없거나 발전시키지 못한 문화가 일본에 있고, 일본에 없거나 발전하지 못한 문화가 우리에게도 분명 있습니다. 어느 한쪽이 다른 쪽을 '정복했다'고 생각할 게 아니라, 문화적 파트너로서 서로의 문화를 존중하며 다가간다면 한일 간 문화 교류는 앞으로도 서로에게 큰 자극을 주며 발전을 이끌 것으로 기대됩니다.

일본 속의 한국인

폭풍 같던 역사에 휘말린 사람들

재일 교포란?

　　　　일본에서 활동하는 연예인이나 운동선수 중에 재일 교포가 있다는 말을 들어 보았을 것입니다. 재일 교포 또는 재일 동포란 누구일까요? 낱말 뜻 그대로라면 일본에 살고 있는 우리나라 사람이지만, 일본에 산다고 모두 재일 교포인 것은 아닙니다. 재일 교포는 역사적인 개념입니다. 일제 강점기에 일본으로 건너가 살다가 해방 이후에도 조국에 돌아오지 않고 남아서 사는 사람들, 그리고 그 후손들을 가리키지요.

　　1945년 이후 일본에 살던 우리나라 사람들은 조국으로 돌아올 수 있었습니다. 그런데 일본을 통치한 연합국 총사령부는 한반도로 돌아가는 사람들의 소지품을 제한했습니다. 현금 1,000엔 이하, 짐 250파운드¹¹³킬로그램 이하로 정한 탓에 힘들게 모은 재산을 버릴 수 없는 사람들은 귀국하지 않았습니다. 그리고 오랫동안 일본에서 산 사람들은 아예 삶의 터전이 일본이 되어 버려 고향으로 돌아가지 않았지요.

1947년 연합국 총사령부는 외국인 등록령을 내려서 일본에 남아 있는 우리나라 사람들의 일본 국적을 박탈하고 외국인으로 만들었습니다. 구식민지 출신자들에게 일본 국적을 선택할 수 있는 기회를 준다든가, 아니면 생활하는 데 불편이 없도록 특별한 자격을 부여하는 등의 배려는 전혀 없었지요. 이후 일본 정부 또한 재일 교포가 경제 회생에 도움이 되지 않는다며 일본에서 쫓아내려고 했습니다. 재일 교포가 생겨난 것은 일본의 잘못이 원인임에도 불구하고, 재일 교포들을 배려하기는커녕 차별하기 시작한 것입니다. 심지어 일본에서 살 권리조차 애매하여 일본 국적을 취득하지 않는 한 대부분의 재일 교포들은 불법 체류자 같은 신세가 되었습니다. 재일 교포는 취직은 물론이고 교육과 사회 복지 제도 등에서 차별받거나 제외되었지요. 모든 재일 교포가 일본 정부로부터 일본에서 살 권리, 즉 영주권을 인정받은 것은 전쟁이 끝나고 40여 년이 지난 1991년입니다.

재일 교포와
일본 사회

　　　재일 교포에는 재일 조선인과 재일 한국인이 있습니다. 재일 조선인은 북한 사람이고 재일 한국인은 우리나라 사람 아니냐고요? 그런 오해를 하는 사람이 많지만, 틀렸습니다. 일본과 북한은 국교를 맺지 않았기 때문에 일본에는 북한 사람이 살 수 없습니다. 재일 조선인의 '조선'은 북한이 아니라 한반도 전체, 즉 일본이 강제 병합했던 조선을 말합니다. 재일 교포는 처음에 모두 재일 조선인이었고, 그중에서 나중에 우리나라 국적을 취득한 사람을 재일 한국인이라고 부릅니다.

　우리나라와 마찬가지로 일본도 자기네 나라에서 태어난 사람이라도 부모가 외국인이라면 국적을 주지 않습니다. 따라서 재일 교포가 스스로 일본으로 국적을 바꾸지 않는 한, 그들의 자녀들은 계속해서 재일 교포입니다. 재일 교포들은 공무원이 될 수 없고 웬만한 기업에 입사하기도 매우 힘듭니다. 그래서 연예인이나 스포츠 선수가 많고, 파친코* 가게나 한국 음식점을 경영하는 경우도 많지요. 일본 최고의 자산가 중 한 명인 소프트뱅크 회장 손정의처럼 자신의 한국 이름을 내세워 활동하는 사람도 있지만, 대부분의 재일 교포는 일본 이름을 씁니다. 재일 교포임이 알려지면 불이익이 따르기 때문이죠.

　왜 재일 교포임이 알려지면 불이익이 있을까요? 근본적으로

● 도박성이 강한 실내록 게임. 게임기에 두워진 토밍굴 구슬을 받고, 버튼을 눌러 발사 장치에 놓인 구슬을 튕겨 내어 목표 시설에 넣으면 점수를 얻는 방식이다.

는 재일 교포를 포함한 한국인에 대한 일본인의 뿌리 깊은 반감
이 원인입니다. 그리고 재일 교포 대다수는 일본 사회에서 제대
로 활동할 기회를 보장받지 못하기에 사회 저변에 머무를 수밖
에 없는데, 그런 모습이 다시 일본인에게 재일 교포에 대한 부정
적 인식을 심어 차별로 이어지게 하지요. 재일 교포가 힘들게 살
수밖에 없는 이유를 만든 장본인은 다름 아닌 일본인 자신들이면
서 말입니다.

한류 덕에 한국에 대한 인식이 좋아진 이후 재일 교포임을 밝
히고 활동하는 사람이 늘어나고 있는 한편, 안정적인 생활을 원
해서 일본으로 국적을 바꾸는 사람들도 늘어나고 있습니다.

재일 교포와
헤이트 스피치

우리나라 언론은 종종 일본에서 활약하는 재일 교
포를 소개합니다. 외국에서 이름을 알린 자랑스러운 한국인을 찾
는 것이죠. 그런데 일본인들 중에서도 재일 교포를 찾아내려는
사람들이 있습니다. 그들의 목적은 우리와 전혀 다릅니다. 재일
교포임을 밝혀내서 차별하려는 것입니다.

최근 일본이 보수 우익화하며 재일 교포에 대한 차별이 한층
심해졌습니다. 심지어 재일 교포가 일본 정부로부터 특혜를 받고
있다고 주장하는 단체가 등장했지요. '재일 특권을 허용치 않는

시민의 모임', 줄여서 '재특회'라는 단체입니다. 다른 외국인들과 달리 재일 교포는 중범죄를 저질러도 추방하지 않고, 본명과 다른 일본식 이름을 일본 사회에서 사용할 수 있게 허가한 것이 특권이라는 것이죠. 재특회는 일본 정부가 이러한 특권을 빼앗아야 하고, 재일 교포는 일본에서 떠나야 한다고 계속해서 데모를 하고 있습니다. 이들은 왜 재일 교포가 생겨났는지 근본적인 이유는 전혀 고려하지 않고, 현상만을 왜곡해서 자신들의 주장을 펼치고 있습니다.

앞서 살펴보았듯이 재일 교포를 다른 외국인들과 똑같이 볼 수는 없습니다. 그리고 다른 외국인들도 일정 기간 일본에서 살면 영주 자격이 주어지니, 무조건 재일 교포만 우대하는 것도 아니지요. 그럼에도 불구하고 재특회는 재일 교포가 '특권'을 누린다며 그릇된 주장을 펼치고 있습니다.

최근 재특회의 활동을 이대로 둘 수 없다며 일본 사회에서 반성이 잇따르고 있습니다. 재특회의 주장이 '헤이트 스피치hate speech'로 간주되고, 헤이트 스피치 금지법이 국회에 입안되었지요. 헤이트 스피치란 인종·국적·성별 등 사람이 타고난 특징을 공격하는 발언을 가리킵니다. 대표적인 것이 인종 차별이지요. 재일 교포에 대한 공격도 인종 차별이나 마찬가지인 셈입니다. 헤이트 스피치 금지법이 일본 국회에서 통과되는 날을 기다려 봅시다.

가깝지만 먼 일본

틀림이 아닌 다름으로

한국 문화와
일본 문화

"젓가락 놓는 방향까지 한국과 일본은 철저히 다르다." 한국과 일본이 너무나 다름을 이렇게 표현하는 사람이 있습니다. 우리는 식사를 할 때 젓가락을 세로로 놓는 반면, 일본은 가로로 놓는 것을 예의로 생각합니다. 그 정도로 세세한 곳까지 우리나라와 일본은 다르다는 이야기죠. 그런데 말입니다, 한번 곰곰이 생각해 봅시다. 칼과 포크를 쓰는 서양인의 눈에 우리와 일본의 식사 문화는 어떻게 보일까요? 쌀이 주식이고, 밥을 그릇

일반적인 한국(위)과 일본(아래)의 상차림. 수저를 놓은 방향 등 세세한 점이 다르지만, 밥과 국을 중심으로 밑반찬을 배열하는 등 공통점 또한 많다.

에 담아 국과 함께 먹고, 젓가락을 사용하여 식사하는 모습은 우리와 일본이 너무나도 닮았습니다. 서양인의 눈에 우리와 일본은 포크가 아닌 젓가락을 사용하는 동일한 문화로 보일 것입니다. 젓가락을 놓는 방향을 따질 수 있다는 것 자체가 동일한 문화권이기 때문이지요. 세세한 면까지 따질 수 있는 것은 철저하게 다르다는 의미가 아닌, 그만큼 닮았다는 뜻이 아닐까요?

또 다른 식사 문화를 예로 들겠습니다. 우리는 밥그릇을 내려놓고 먹어야지 손으로 들고 먹으면 예의에 어긋납니다. 반대로 일본에서는 밥그릇을 내려놓고 먹으면 실례이며, 들고 먹어야 하지요. 젓가락 놓는 방향처럼 '역시 우리와 일본은 다르구나.' 하고 말할 수 있지만, 역시 서양인에게는 우리와 일본이 빵이 아닌 밥 문화로 닮아 보일 겁니다. 밥그릇을 드느냐 마느냐는 사소한 문제겠지요. "우리는 밥그릇을 내려놓고, 일본은 드니까 결국 다른 것 아닙니까?" 하고 물을지 모르겠습니다. 또 곰곰이 생각해 보면, 식사할 때에 머리를 숙이지 않으려는 의도가 우리와 일본에게 공통됩니다. 머리를 숙이고 먹지 않기 위하여 우리는 숟가락이 발달했고, 일본은 숟가락 대신 잘 뜨거워지지 않는 나무 재질의 밥그릇이 발달한 것입니다. 즉 두 나라에서 겉으로 드러나는 방식이 서로 다르게 발전했지만, 그 바탕에는 똑같은 사상이 있는 셈입니다. 똑같은 사상이 비슷한 행동으로 드러나기도 합니다. 우리나라도 일본도 머리를 숙이는 것이 상대방에게 공손함을 표현하는 행동이 되었고, 이러한 인사법은 서양과 확연히 다르지요.

왜 자꾸 우리와 일본이 닮거나 공통점이 많다고 강조하냐고요? 사람이란 때때로 상대방이 자신과 다르면 무조건 잘못되었다고 보거나 부정적으로 여기기 때문입니다. 우리 주변에도 일본인은 인간도 아니라고 극단적으로 말하는 사람이 있지요. 하지만 다른 나라의 문화를 바라볼 때는 옳고 그름이라는 잣대가 아니라, 근본적 사고는 같은데 왜 우리와 다르게 행동하는지 그 배경을 찾아보고 이해하려는 자세가 필요합니다.

문화에 옳고 그르다는 잣대를 먼저 사용한 쪽은 일본입니다. 일본은 우리나라를 강제 병합한 뒤 자신들의 문화가 옳으니, 우리 것을 버리고 일본을 따라 하라고 강요했으니까요. 자신들의 문화가 옳고, 한국 문화는 틀리다는 인식은 지금까지도 일본인에게 남아 있습니다. 그러한 흔적은 한국 드라마나 영화, 노래 '따위'를 왜 좋아하는지 모르겠다고 말하는 일본 사람들에게서 찾아볼 수 있지요. 그들은 한류를 통하여 한국을 이해하고, 한국에 친밀감을 느끼는 일본인이 늘어나는 것을 두려워합니다. 양국의 문화에 공통점이 많다고 여기는 사람들이 늘어나면, 함부로 한국 문화를 무시하거나 틀렸다고 말할 수 없게 되기 때문입니다. 따라서 한국은 '가깝지만 먼 나라'라는 기존의 인식이 계속되기를 바랍니다. 이러한 바람은 앞서 언급했던 만화책 『혐한류』에서도 드러납니다. 『혐한류』에는 다음과 같은 문장이 있습니다.

"한국인과 한국 사회는 이슬람교도와 이슬람 사회 같은 정도, 혹은 그 이상으로 일본과 다른 이질적인 사회다." 『혐한류 1』, 98면

이 문장에서는 한국과 일본이 달라도 너무 다르다는, 한국에 대한 예전의 이미지를 어떻게든 지키려 하는 보수적인 일본 사람들의 생각을 읽어 낼 수 있습니다. 한일 관계가 악화될 때에는 이러한 사람들의 목소리가 커지기 마련입니다. 하지만 우리는 한류의 영향으로 한국을 이해하고, 한국과 일본의 공통점이 적지 않음을 알게 된 일본인 또한 많아졌음을 기억해야 합니다.

일본을
알아야 하는 이유

식민지 시기에 일본 문화를 강요당했던 경험은 우리에게 일본 문화에 대한 거부감을 심어 주었습니다. 일본 문화를 즐기거나 일본 제품을 사용하면 일본의 모든 것을 받아들이는 사람으로 비난받기도 했지요. 하지만 일본 애니메이션이나 만화, 게임을 즐긴다고 하여 일본의 모든 것을 받아들였다고 할 수는 없습니다. 꼭 이탈리아를 좋아해서 피자나 스파게티를 먹는 것은 아니니까요. 개인의 문화적 취향과 한일 간 문제를 나누어 생각

할 수 있는 여유를 갖는 것도 중요합니다.

"이것저것 따질 필요 없이 역사를 왜곡하는 데다 독도를 자기네 땅이라고 우기는 일본과 교류를 단절해 버리면 속 시원하지 않을까요?" 이렇게 말하는 사람도 있습니다. 하지만 정치·외교·경제·사회·문화·먹거리에 이르기까지 우리가 일본과 관계를 맺지 않은 영역은 거의 없고, 역사를 돌아보아도 아예 관계를 끊는 것은 불가능합니다. 또한 세계화가 진행된 오늘날 이웃 국가와 단절하면 우리에게 이득보다 손실이 클 것입니다. 이것은 일본도 마찬가지입니다. 게다가 교류가 없으면 상대방에 대한 영향력도 사라집니다. 영향력이란 관계에서 비롯되니까요. 그러니 상호 이득이 되는 교류는 앞장서면서, 일본이 역사를 바로 알고 이웃을 배려하도록 우리가 이끌어 나가야 합니다.

간혹 일본은 알려고 해서도 안 되는 나라라고 생각하는 사람들이 있습니다. 예를 들면 일본에 대한 강의를 듣거나 일본 문화를 접하기만 해도 친일파라고 생각하는 것이지요. 우리가 꼭 일본 문화를 즐길 필요는 없습니다. 하지만 일본은 우리와 달라도 너무 다른 이상한 나라라고 단정 지어 버리고 눈과 귀를 닫아서는 안 됩니다. 한일 관계가 좋든 나쁘든 절대로 일본으로부터 눈을 돌려서는 안 되며, 계속 주시해야 하고, 연구해야 합니다. 상대를 모르면 서로에 대한 편견과 갈등만을 키울 뿐입니다. 역사를 돌이켜 보면 우리가 일본을 무시하고 이해하지 못했을 때, 불행한 일들이 일어났습니다. 앞서 살펴보았듯이 150년 동안 교류가 끊기자 임진왜란이 일어났고, 마지막 통신사로부터 100년이 지나자 일본이 조선을 강제 병합했습니다. 일본과 관계가 좋았을 때, 한반도에 평화와 발전이 이어졌다는 것은 부정할 수 없는 사실입니다. 일본에 대한 관심과 이해는 궁극적으로 우리의 안전, 평화, 발전, 그리고 나아가 동아시아의 공생과 번영으로 연결될 것입니다.

Q&A

- 일본에 여행을 가려면 비자가 필요한가요?

비자^{VISA}는 한자로 사증查證이라고 하며, 다른 나라에 입국하기 전에 미리 허락을 받았다는 증명입니다. 비자를 발급받기 위해서는 자신의 여권을 그 나라 영사관에 제출해야 하는데, 발급되는 데 시간이 많이 걸리거나 수수료를 내야 하는 나라도 있습니다. 그래서 여행객처럼 짧은 기간 체재하는 사람들을 위해서 비자를 면제해 주기도 합니다. 일본은 한국 사람의 여행에는 비자를 면제해 주고 있습니다. 마찬가지로 우리도 일본 사람이 여행을 올 때는 비자를 면제해 주고 있지요.

비자가 없이 일본에 갔다면 최대 90일 동안 머무를 수 있습니다. 그 이상 체류하거나 돈을 벌고 싶다면 비자를 반드시 발급받아야 하지요. 예를 들어 일본 회사에 취직을 했다면 취업 비자를 받을 수 있습니다. 일본에 있는 어학원이나 학교를 다니게 되었다면 유학 비자를 받을 수 있지요. 유학 비자를 받은 경우에는 일주일에 28시간까지 아르바이트를 할 수 있습니다.

정처 없이 여행하면서 아르바이트도 할 수는 없냐고요? 그런 사람들을 위해 생긴 제도가 워킹 홀리데이^{Working Holiday}입니다. 워킹 홀리데이 비자를 받으면 최대 1년간 일본에서 여행과 아르바이트를 같이 할 수 있습니자주 출연하여 일본 사회의 잘못된 점을 비판해 왔습니다. 그가 오늘날의 젊은이들에게 도움을 주기 위해 쓴 책 『고민하는 힘』은 100만 부가 넘게 팔린 베스트셀러이지요.

소설가로는 유미리가 있습니다. 그녀는 재일 교포 가족이 자신들을 주인공으로 하는 영화에 출연하면서 벌어지는 소동을 그린 『가족 시네마』를 써서 아쿠타가와상을 받았습니다. 최근에는 후쿠시마 원전 사고로 집을 잃고 도쿄 우에노 역에서 노숙을 하는 사람을 소재로 삼은 『JR 우에노 역 공원 입구』를 써서 화제를 모았지요.

영화 감독 이상일은 쇠퇴해 가는 탄광 마을이 훌라 댄스쇼를 통해서 재기하려 하는 모습을 그린 영화 「훌라 걸스」로 일본에서 주는 거의 모든 영화상을 휩쓸었습니다. 그리고 할리우드의 서부극 「용서받지 못한 자」를 메이지 시대 일본으로 배경을 바꾸어 리메이크했지요. 그는 이 작품에서 그 전까지 일본 영화가 다루지 않았던, 홋카이도 개척과 아이누 문제에 초점을 맞추었습니다.

박로미는 일본을 대표하는 성우 중 한 명입니다. 일본은 워낙 애니메이션이 많이 만들어지는 덕에 성우가 일종의 연예인 같은 대접을 받습니다. 박로미는 「턴 에이 건담」, 「강철의 연금술사」, 「나나」, 「진격의 거인」 등 한국에도 잘 알려진 애니메이션들에서 주요 배역의 목소리를 연기했지요. 그녀는 굵고 허스키한 목소리가 매력적이라 여성임에도 주로 남성 캐다. 이 제도는 젊은이들에게 넓은 세상과 다른 나라 문화를 체험할 기회를 주기 위해 만들어졌기 때문에 나이 제한이 있습니다. 일본의 경우 만 18세부터 25세까지만 신청할 수 있지요.

● 유명한 재일 교포에는 누가 있나요?

재일 교포들은 일본 사회의 다양한 분야에서 활동하고 있지만, 대부분 일본식 이름을 쓰고 있습니다. 여기서는 한국 이름으로 활약하는 사람들을 주로 소개하겠습니다.

경제 분야에서는 소프트뱅크라는 회사를 세운 손정의를 꼽을 수 있습니다. 2011년 일본 제일의 자산가였고, 2015년에는 유니클로 사장에게 밀렸지만 자산 순위 2위를 차지했지요. 4형제 중 차남으로 태어나 가난한 어린 시절을 보낸 손정의는 컴퓨터 판매로 사업을 시작했고, IT 사업과 통신 사업 등으로 영역을 확장해 나갔습니다. 현재는 일본을 대표하는 사업가로 프로 야구팀 소프트뱅크 호크스의 구단주이기도 하지요. 손정의는 2011년 동일본 대지진 직후에 100억 엔을 기부하여 일본 사회를 놀래 주었습니다. 현재 그는 원자력 발전에 의존하기 않기 위하여 자연 에너지를 이용한 발전을 개발하는 데 힘을 기울이고 있습니다.

학계에는 재일 교포 중 처음으로 도쿄대학교 교수가 된 강상중이 있습니다. 지금은 은퇴하고 도쿄대학교 명예 교수로 있죠. 강상중은 방송에

문학과에서 일본문화학과 또는 일본언어문화학과로 바꾸기도 하죠.

　일본이 우리나라에서 차지하는 비중이 크건만 일어일문학과나 일본학과가 설치된 대학은 그다지 많지 않습니다. 하지만 일어일문학과나 일본학과가 없는 대학에서도 일본에 대해 배울 수는 있습니다. 대학에 있는 다양한 학과에는 일본을 전공하는 학자들이 꼭 있기 마련입니다. 예를 들어 사학과에는 일본 역사를 연구하는 교수, 경영학과에는 일본 경영을 연구하는 교수, 사회학과에는 일본 사회를 전공하는 교수가 있습니다. 최근에는 교양 과목으로 일본의 문화나 영화를 다루는 강의가 개설되어 인기를 얻고 있지요.

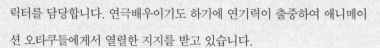

릭터를 담당합니다. 연극배우이기도 하기에 연기력이 출중하여 애니메이션 오타쿠들에게서 열렬한 지지를 받고 있습니다.

● 일본에 대해 공부하고 싶은데, 대학에는 어떤 학과가 있나요?

일본에 대해 전문적으로 배울 수 있는 학과는 크게 두 가지로 나눌 수 있습니다. 세세한 명칭은 대학에 따라 조금씩 다르지만, 우선은 언어와 문학 공부를 바탕으로 하는 일어일문학과가 있습니다. 그리고 지역학을 바탕으로 하는 일본학과가 있지요.

일어일문학과는 일본을 연구하는 학과 중에서 역사가 가장 오래되었습니다. 명칭은 일어일문학과가 많고, 일본어과라고 하는 경우도 있지요. 일어일문학과에서는 일본어 배우기를 기본으로 하여, 고전 문학부터 현대 문학까지 일본 문학에 대한 지식을 쌓아 나갑니다.

1990년대 국제화 시대가 열리며, 언어와 문학만이 아닌 한 나라의 정치·경제·사회·문화 등 다양한 측면을 배워야 할 필요성이 늘어났습니다. 그래서 특정 지역을 종합적으로 연구하는 지역학이라는 개념이 들어와 일본학과가 만들어졌지요. 명칭은 일본학과가 많지만, 국제학부 안에 일본 전공이 있거나 동아시아학부 또는 아시아학부 안에서 일본을 전공하기도 합니다. 최근에는 일어일문학과에서도 지역학 개념을 도입하여 정치·경제·사회·문화 등을 가르치기도 합니다. 아예 학과 이름까지 일어일